北京语言大学国际语言服务研究院系列研究报告
国家语言文字工作委员会“十三五”科研规划重大项目（ZDA135-16）资助成果
北京语言大学语言资源高精尖创新中心资助成果

北京冬奥会语言服务大数据报告

Big Data Report on Language Services of Beijing Olympic Winter Games

王立非　主　编
崔　璨　艾　斌　副主编

对外经济贸易大学出版社
中国·北京

图书在版编目（CIP）数据

北京冬奥会语言服务大数据报告 / 王立非主编；崔璨，艾斌副主编. —北京：对外经济贸易大学出版社，2022.1

ISBN 978-7-5663-2333-0

Ⅰ. ①北… Ⅱ. ①王… ②崔… ③艾… Ⅲ. ①冬季奥运会－语言翻译－研究报告－北京 Ⅳ. ①G811.212

中国版本图书馆 CIP 数据核字（2021）第 241211 号

北京冬奥会语言服务大数据报告

王立非 主 编

崔 璨 艾 斌 副主编

责任编辑：董 黛

出版发行：对外经济贸易大学出版社
社　　址：北京市朝阳区惠新东街 10 号
网　　址：www.uibep.com
资源网址：www.uibepresources.com

邮政编码：100029
邮购电话：010－64492338
发行部电话：010－64492342
E-mail：uibep@126.com

成品尺寸：215mm×278mm
印　　张：6.5
字　　数：135 千字
ISBN 978-7-5663-2333-0

印　　刷：北京博海升彩色印刷有限公司
版　　次：2022 年 1 月北京第 1 版
印　　次：2022 年 1 月第 1 次印刷
定　　价：130.00 元

北京语言大学国际语言服务研究院

Academy of International Language Services Science, BLCU

北京语言大学国际语言服务研究院于 2019 年 12 月经北京语言大学批准成立，依托外国语学部建设和管理，围绕我国对外开放、“一带一路”建设和文化对外传播，以推动中国语言服务的学科发展、学术创新、智库研究、产业咨询为使命，致力于人才培养、知识创新、社会服务三大任务，创建国内一流的语言服务高端智库平台，培养国家和社会紧缺的国际语言服务人才。

研究团队先后主持或参与完成了《中国企业“走出去”语言服务蓝皮书（2016）》（2019 年北京市第十五届哲学社会科学优秀成果奖）、《“一带一路”语言服务市场全景式分析及行业与政策建议（2017）》《中国翻译硕士教育大学排行榜研究报告（2017）》《全国翻译硕士专业学位研究生教育与就业调查报告（2018）》《2018 中国语言服务行业发展报告》《“战疫”应急语言服务报告》《全球语言服务市场报告（2017—2020）》（中文译本）、《北京冬奥会语言服务大数据报告》等一系列翻译与语言服务报告。

研究院致力于引领学科发展、推动学术创新、助力产业发展，重点在以下领域开展研究和咨询服务：（1）语言服务理论；（2）语言服务行业与市场发展；（3）跨国企业语言管理；（4）对外贸易语言服务；（5）涉外法律语言服务；（6）国际传播语言服务；（7）语言文化贸易；（8）语言服务标准化等。

北京语言大学高级翻译学院

School of Translation and Interpreting, BLCU

北京语言大学高级翻译学院成立于 2011 年 5 月 20 日，现隶属于外国语学部，学院设有翻译本科专业，为教育部批准的国家级一流本科专业建设点。翻译专业面向全国招生翻译专业本科生（英法双语种），翻译专业硕士（MTI）、翻译学方向硕士（MA）和翻译学、国际语言服务博士研究生（Ph.D），在学的中外学生达到 1 000 人。学院设有 MTI 教育中心、翻译学研究所、中外语言服务人才培养基地、翻译与语言服务博士后流动站等机构，是国际高等翻译院校联合会（CIUTI）成员单位。学院师资力量雄厚，拥有知名教授、博士生导师、教学名师、博士 28 人，教学科研成果丰富。在市场经济和全球化的大背景下，学院与时俱进，不断革新教育教学理念，逐步形成了中外学生同堂上课、项目进课堂、校企联合开课、业内专家进课堂、项目流程国际化管理等内外联合、中外融合的教育教学理念。在对外交流与合作上，学院与巴黎高等翻译学校、布鲁塞尔高等翻译学院等世界知名翻译院校有着广泛、深入的合作。高级翻译学院将继续拓展“面向留学生的高级翻译教育”，不断提升中外语言服务和研究人才的培养层次和培养质量，最终实现语言服务和研究人才培养的“高水平”和“国际化”。

研究团队

专业顾问

梅建军（北京冬奥组委对外联络部语言服务处处长）

蔡　猛（中央电视台体育频道著名主持人）

墨　海（文化旅游部艺术发展中心中国书画院院长）

首席专家　王立非

团队成员　金钰珏　任　杰　孙疆卫　栗洁歆　林　旭

刘　蓥　赵媛霞　钟子龙　王晓梦　熊雨桑

连丹婷　彭　哲　赵贝川　姚天蕾　徐潇潇

朱曙红　姚　雪　邓春雨　安怡敏　姜天怿

刘家慧　李善澜　崔　璨　艾　斌　傅劲松

首席专家简介

王立非教授

语言学博士，北京语言大学高级翻译学院博士生导师、博士后合作导师，国际语言服务研究院院长、首席专家。研究方向为语言教育、商务英语、语言服务。兼任中国对外贸易与经济合作企业协会商务英语专业委员会会长、中国语言服务 40 人论坛联席主席、中国英汉语比较研究会语言服务研究专业委员会副会长等。

前　言

本报告是国内首部冬奥会语言服务调查报告，由北京语言大学国际语言服务研究院发布。报告由王立非教授负责总体构思和设计，研究团队参与编写。本报告以教育部和国家语言文字工作委员会（简称“国家语委”）2017 年发布的“北京冬奥会语言服务行动计划”为依据，采用大数据方法，通过对北京冬奥会语言服务的公开大数据抓取和挖掘，聚焦语言技术集成及服务、语言翻译和培训服务、语言服务环境建设、语言文化展示体验服务、应急语言服务五个方面，较为全面和详实地提供北京冬奥会语言服务的相关数据，客观反映和评价冬奥会语言服务工作情况，并提出语言服务未来发展的相关建议。希望本报告的出版能进一步推动我国语言服务高质量发展。

本报告为国家语委“十三五”科研规划重大项目（ZDA135-16）的资助成果，同时得到北京语言大学科研处和语言资源高精尖创新中心的大力支持，数据采集得到了中译语通公司大数据团队的专业化指导和鼎力帮助，在此一并表示衷心感谢。在此，我要特别感谢与我朝夕相处的全体博士后、博士生、硕士生和本科生同学，你们的求知若渴和团结协作激励我努力前行。

报告完成时恰逢北京冬奥会开幕进入 100 天倒计时，冬奥会火种传递已经抵达北京，疫情阻挡不住冬奥会临近的脚步。第 24 届冬奥会将于 2022 年 2 月 4 日在北京盛大开幕。届时，中国北京将再次成为举世瞩目的焦点。

谨以这本微薄的报告表达对北京冬奥会召开的祝贺和喜悦之情，为奥运体育精神喝彩，为中国健儿加油。

研究团队首席专家

王立非

教授、博士生导师

2021 年 11 月 27 日于北京

摘　要

第 24 届冬奥会将于 2022 年 2 月在北京举行，预计届时将有来自世界各地近百个国家和地区参赛，语言服务能力将直接影响冬奥会的举办质量，全面了解冬奥会语言服务现状对北京冬奥会的成功举办具有重要意义。近两年来，新冠疫情在全世界蔓延，也给北京冬奥会语言服务工作带来了巨大的挑战。

本报告采用引力模型方法对参赛国家（地区）之间的语言距离进行测量，对语言服务影响北京冬奥经济预测分析；采用大数据评价方法，从语言技术集成及服务、语言翻译和培训服务、语言服务环境建设、语言文化展示体验服务、应急语言服务等五个方面对北京冬奥会的语言服务能力进行了调查。冬奥会语言服务市场预测显示:（1）北京冬奥会语言服务环境复杂;（2）我国与参赛国家（地区）之间的语言距离较大，冬奥会将拉动全国语言服务经济增长，带动京津冀地区 GDP 的增长。

大数据分析显示:（1）在语言技术集成及服务方面，“两微”语言服务和 app 语言服务关注志愿者语言服务和赛会组织语言服务，跨语言术语服务平台语种和功能齐全，网络媒体对冬奥会语言服务能力充满信心，机器翻译服务、人机对话服务和语音识别与合成服务等高科技手段助力冬奥会语言服务;（2）在语言翻译和培训服务方面，组建了权威专家团队、语言培训服务提供商和院校培训基地为冬奥会语言服务提供有力支持;（3）在语言服务环境建设方面，北京市出台了奥运相关法律法规，举办了丰富多彩的市民大讲堂，出版了冬奥会普及读物和英语知识读本，促进了语言服务环境建设;（4）在语言文化展示体验服务方面，设置了多个冬奥文化展示中心，举办了多场冬奥会参赛国家（地区）文化推介活动，各项语言文化体验活动对加深我国与各参赛国家（地区）的人文交流起到了积极作用;（5）在应急语言服务方面，基础设施和应急机制正在逐渐完善，语言服务团队和标准体系建设步伐加快。

本报告对提升冬奥会语言服务能力提出了三点建议:（1）大力加强北京冬奥会语言智能与信息技术应用;（2）加强对翻译和语言服务志愿者的培训，制定语言服务应急预案和反应机制;（3）大力加强中国语言文化对外传播，增进参赛国家（地区）的交流和友谊。

目　录

图 目 录

表 目 录

第 1 章

北京冬奥会概况

1.1 冬奥会简介

1.1.1 冬奥会

冬季奥林匹克运动会（Olympic Winter Games），简称为冬季奥运会、冬奥会，是由国际奥林匹克委员会（International Olympic Committee）主办的世界性冬季运动会，参与国（地区）分布在世界各地，包括欧洲、非洲、美洲、亚洲、大洋洲，按实际举行次数计算届数。1986 年，国际奥委会全会决定把冬季奥运会和夏季奥运会从 1994 年起分开，每两年间隔举行，1992 年冬季奥运会是最后一届与夏季奥运会同年举行的冬奥会。自 1924 年开始第 1 届，截至 2018 年共举办了 23 届，每四年一届。

1.1.2 历届冬奥会简要回顾

首届冬奥会于 1924 年在法国举办。北京冬奥会是第 24 届冬奥会，将于 2022 年 2 月 4 日至 20 日举行。从参赛情况看，参赛国家（地区）和地区数量持续增加，第 23 届平昌冬奥会的参赛选手已经涉及了 92 个国家和地区。来自世界各地的运动员、教练员、裁判员和观众语言文化差异巨大，因此，全面分析冬奥会的语言服务环境具有重要意义。

1.1.3 北京冬奥会主要竞赛项目

北京 2022 年冬奥会共设 7 个大项、15 个分项和 109 个小项。其中，女子单人雪车、单板滑雪障碍追逐混合团体、自由式滑雪男子大跳台、自由式滑雪女子大跳台、自由式滑雪空中技巧混合团体、跳台滑雪混合团体、短道速滑混合团体接力为 7 个新增小项。

1.2 北京冬奥会申办情况回顾

2013 年 11 月，我国正式向国际奥委会提出举办冬奥会申请。2014 年 3 月，共有 5 个国家的城市宣布申办 2022 年冬奥会：中国的北京—张家口、波兰的克拉科夫、挪威的奥斯陆、乌克兰的利沃夫、哈萨克斯坦的阿拉木图。2015 年 3 月，国际奥委会来我国北京、张家口考察；2015 年 6 月，北京申奥团在瑞士洛桑向国际奥委会陈述。2015 年 7 月，在吉隆坡举办的国际奥委会第 128 次全会上，北京以 44—40 票击败阿拉木图，成功获得 2022 年第 24 届冬奥会的举办权

（见图 1-1）。

图 1-1　北京冬奥会申办情况回顾[①]

1.3　北京冬奥会语言服务行动计划[②]

2022 年北京冬奥会是全球瞩目的奥运盛会，是中国全面建成小康社会、实现中华民族伟大复兴中国梦征程上的一个重要时代标记，意义重大、影响深远、使命光荣。为贯彻落实习近平总书记提出的“着眼于办成一届精彩、非凡、卓越的奥运盛会”重要指示精神，推动实施《国家语言文字事业“十三五”发展规划》，服务国家发展需求，助力本届冬奥会语言服务，教育部、国家语委与北京冬奥组委联合启动“北京冬奥会语言服务行动计划”（以下简称“行动计划”）。

1.3.1　主要目标

坚持绿色办奥、共享办奥、开放办奥、廉洁办奥。充分发挥国家语委语言资源优势，组织协调有关部门、高校、科研机构、企业和社会力量，齐心协力、携手共建、共享办奥，为本届冬奥会的成功举办创造良好的语言环境、提供优质的语言服务，彰显中国语言文化魅力，为把北京冬奥会办成一届精彩、非凡、卓越的奥运盛会作出贡献。

1.3.2　行动原则

统筹协调，扎实推进。教育部、国家语委、北京冬奥组委发挥统筹、协调和组织作用，强化与相关部门的联动，融合各方力量共同参与，推动落实行动计划。

共建共享，开放合作。根据本届冬奥会的语言服务需求，整合多种语言资源，发挥高校、研

---

① 数据来源：北京语言大学国际语言服务研究院研制。

② 本节转引自教育部语言信息管理司网站 2017 年 5 月 25 日发布的原文。

究机构、企业及相关社会力量的作用。参与单位分工合作，共建共享，互动发展。

项目带动，科技支撑。充分利用语言和信息化技术发展的最新成果，通过项目制的实施，推动语言服务与信息化紧密结合，助力“科技奥运”。

有序推进，不断完善。及时跟进未来五年冬奥会筹备工作需要，适时调整完善行动计划项目内容，并通过重大国际赛事、活动等平台检验应用，推动项目成果达到先进水平。

1.3.3 重点项目

根据冬奥会筹备需求，先期围绕基础性资源建设、规范标准建设、优化城市语言环境等推进相关项目。

（1）开展语言技术集成及服务

进行相关的术语开发工作，建设跨语言的术语服务平台。在该平台基础上推动开发多语言服务系统和智能 app，集成语音识别与合成、机器翻译、人机对话等技术成果，打造人机智能交换平台，为冬奥会提供实时、便捷、全方位的多语言服务。

（2）提供语言翻译和培训服务

根据冬奥会对语言服务、语言翻译的需求，组建语言专家团队，为冬奥会重要会议资料、文件的译文提供审核把关；为冬奥会语言翻译服务商公开招投标推荐评审专家。

根据冬奥会赛事需要和相关规范标准，组织专家制定多语种培训规范。编写语言培训教材，为中外志愿者提供语言文化培训；为国内技术人员、翻译人员、北京冬奥组委工作人员、冬奥会志愿者等提供语言培训服务。

（3）优化奥运语言服务环境

优化城市语言环境。在北京、张家口组织开展城市用语用字情况检查，并向社会发布检查情况，确保北京冬奥会语言文字使用符合国家有关语言文字方针政策和规范标准。

提供场馆语言环境服务。对冬奥会场馆英文标识进行检查，并提出修改意见和建议。

编写《2022 年北京冬奥会和冬残奥会体育项目名词术语》，推动冬季奥运体育项目名词术语的规范化。开设“北京市民语言文化大讲堂”，编写《迎接冬奥会：语言与文化》市民培训普及读本。

（4）开展外语志愿者培训工作

根据冬奥会筹办和举办工作的语言服务需求，制定以提升组织能力和业务水平为目标的外语志愿者培训计划，协调外语类高校，为冬奥会赛前和赛时志愿者提供外语培训服务。

（5）合作开展冬奥会语言文化展示体验项目

以“语言和体育文化”为主题，在北京冬奥会场馆文化展示中，体现北京文化优势，融入冬奥会所涉及语种的文化介绍，开展多种形式的语言文化展示体验项目。

1.3.4　组织实施

（1）建立健全工作机制。教育部、国家语委与北京冬奥组委建立沟通联络机制，定期会商，研究重大问题，加强统筹协调，推动行动计划的落实等，并指派专人负责日常联系沟通工作。

（2）开展推广应用。持续跟进各项目进展，开展阶段性总结评估，借助重大国际性赛事活动检验成果并推广应用。遵守北京冬奥会知识产权有关规定。

（3）多渠道筹措经费。各相关高校、研究机构、企业应将所承担任务经费纳入年度预算内统筹安排，加大投入力度。相关政府部门设立工作专项，强化科研支撑，确保任务的顺利完成。

第 2 章

北京冬奥会语言服务市场预测分析

2.1 语言服务产业发展现状

2.1.1 全球语言服务产业发展现状

据美国语言服务咨询机构 Common Sense Advisory 发布的《2019 全球语言服务市场报告》统计数据，2019 年，全球语言服务总产值为 496 亿美元，其中，欧洲市场规模约为 250 亿美元，亚洲市场约为 70 亿美元。2009 年至 2019 年的 11 年间行业总产值增长了 111.06%，全球语言服务产业已进入发展成熟期（见图 2-1）。

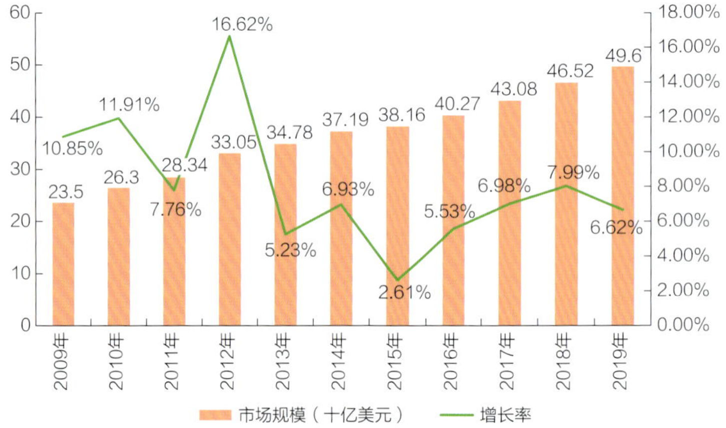

图 2-1　2009—2019 年全球语言服务总产值及其增长变化情况[①]

从排名前 200 的语言服务提供商来看，欧洲、美国凭借本身的语言环境、技术、人才等优势，占据全球语言服务提供商总数的 74%（见图 2-2）。

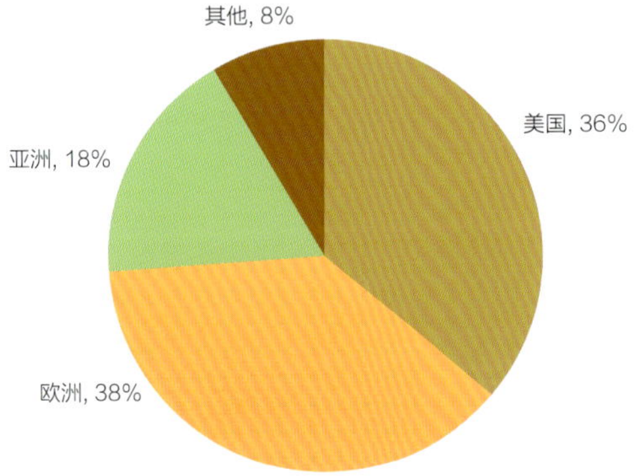

图 2-2　全球前 200 大中型语言服务企业分布[②]

① 根据美国 Common Sense Advisory《2019 全球语言服务市场报告》整理。

② 根据美国 Common Sense Advisory《2019 全球语言服务市场报告》整理。

2.1.2　我国语言服务产业现状

2.1.2.1　我国语言服务行业发展历程

语言服务行业在改革开放以后才开始出现。整体来看，国内语言服务产业的发展大致可以分为三个阶段（见图 2-3）：

（1）形成期（20 世纪 80 年代）：专业的语言服务机构开始出现，行业机构数量不足 800 家，在业务方面主要以翻译业务为主；从需求主体来看，以政府单位和图书出版商为主。

（2）发展期（20 世纪 90 年代和 21 世纪初）：语言服务机构如雨后春笋般涌现，语言服务相关企业数量增长到 2002 年年底的近 9 000 家；从业务范围来看，除了传统的翻译，行业也开始时向语言服务软件领域进军；同时行业还出现了语言服务行业内的标杆企业。

（3）快速增长期（21 世纪初至今）：随着经济全球化、跨国集团的涌入、国内企业"走出去"战略的实施，国内语言服务需求较之以往实现了百倍以上的增长，需求市场的繁荣，有力地刺激了国内语言服务供给市场的发展，行业相关企业数量由 2002 年的近 9 000 家增长到 2020 年上半年的 37 万家；从业务范围来看，"语言服务"不再仅仅等同于过去的翻译，而是形成了覆盖了翻译、本地化、国际化、语言服务技术和工具的开发、专业咨询等领域的语言服务产业链。然而也应看到，行业快速发展的背后也存在着市场鱼龙混杂、行业标准缺失等发展不规范的现象。

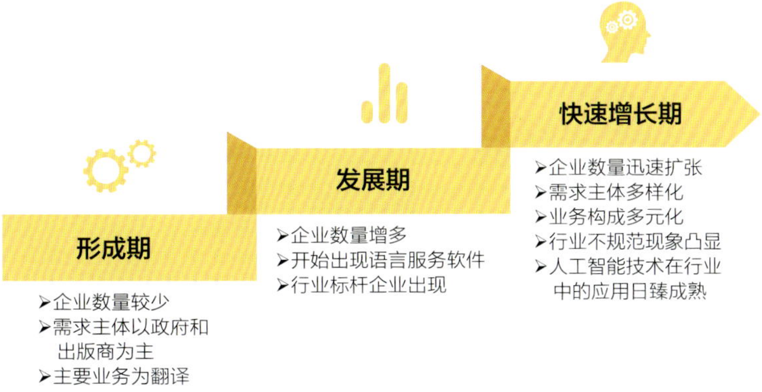

图 2-3　我国语言服务行业发展历程[①]

我国语言服务行业经过多年的发展，行业发生了翻天覆地的变化：从无到有，从 20 世纪 80 年代数量稀少到 2020 年相关语言服务行业机构近 37 万家；从单一到多元，从一开始的英语服务到目前的英语、法语、日语、德语和俄语等多语种服务，甚至能够提供方言和手语服务；从人工到智能，从一开始的仅靠人工口译到目前的 AI 智能翻译、神经网络机器翻译等，都体现了我国语

① 数据来源：北京语言大学国际语言服务研究院研制。

言服务行业的发展壮大。

2.1.2.2　我国语言服务行业发展现状

《2019 中国语言服务行业发展报告》统计数据显示：截至 2019 年，中国营业范围含有语言服务的在营企业 369 935 家，同比 2018 年上半年增加了近 5 万家；语言服务为主营业务的在营企业 9 734 家。2019 年国内语言服务总产值为 372.2 亿元，单体企业平均营业收入为 382.3 万元（见图 2-4）。

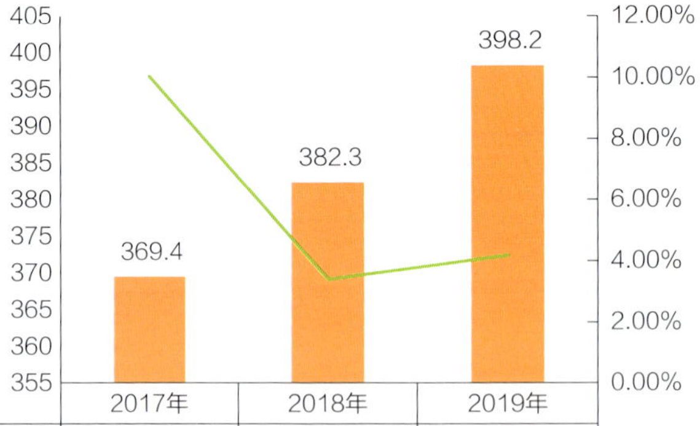

	2017年	2018年	2019年
收入（亿元）	369.4	382.3	398.2
增长率	10.00%	3.37%	4.15%

图 2-4　2017—2019 年我国语言服务行业收入[①]

2.1.2.3　我国语言服务研究现状

对 CNKI 数据库检索显示，过去 34 年，共发表语言服务论文 686 篇，2008 年北京奥运会后呈显著上升趋势，2018 年达到 155 篇，其中，发表 CSSCI 期刊论文 216 篇，2018 年达到 40 篇，研究主题涉及语言服务行业、“一带一路”语言服务、语言资源、翻译技术、翻译服务、语言服务基础设施、翻译专业等。姚亚芝、司显柱（2016、2018）研究发现，语言服务研究热点涉及概念的界定、供需管理、发展模式与制约因素、语言的经济价值、语言消费、语言服务产业结构、产业化、产业竞争力、产业管理和区域语言服务产业等，提出未来研究应侧重从产业经济学视角对语言服务产业定位、产业组织、关联、布局等问题和研究范式等开展研究。王立非、金钰珏（2018）采用“世界语言结构图谱”（The World Atlas of Language Structures），测量了我国与“一带一路”各国间的语言距离，发现语言障碍指数每下降 10%，我国的进出口贸易、出口贸易额和进口贸易额就分别增长 20%、22.9%和 17.6%。苏剑、葛加国（2018）进一步证明，分属不同语言谱系的语言会对双边贸易流量产生负影响。金钰珏（2018）测量了我国与“一带一路”48 国的语言障碍度后发现，在其他变量不变的情况下，语言障碍指数每降低 10%，我国对东道

① 数据来源：《2019 年中国语言服务行业发展报告》。

国的对外直接投资就增加 10.61%。

对 CNKI 数据库检索“北京冬奥会”主题词显示，2015 年北京冬奥会申办成功后，对北京冬奥会的研究呈显著上升趋势，年均达到 100 篇以上，2018 年高达 248 篇，但没有发现任何有关北京冬奥会语言服务的研究。2008 年北京奥运会等大型国际赛事及活动的语言服务为北京冬奥会的语言服务环境建设提供宝贵的经验。2008 年北京奥运会有来自全球 204 个国家和地区的代表队。《北京奥林匹克运动会语言环境建设报告》从 2008 年奥运会赛事小环境和北京社会大环境两个方面研究北京奥运会的语言规划问题，以最大限度地消除语言障碍为目标，提出了发布文件规范体育赛事中的用语用字、设立语言服务部、建立多语呼叫中心等对策性建议（周庆生，2008）。肖灵（2011）比较分析了北京奥运会、上海世博会和广州亚运会，发现三市高度重视语言环境建设，为盛会提供了良好的语言服务，促进了中国与世界的交流。

2.1.3　我国语言服务的机遇与挑战

（1）中小企业众多。我国语言服务企业机构大多数为中小企业，大型、超级大型企业机构较少。不仅仅是我国，即使在全球范围内，语言服务行业都是以中小企业机构为主。中小企业机构的优点是比较灵活，对市场反应比较快速，但是缺点也比较明显，就是容易对某一个热点一拥而上，同质化严重，缺少核心竞争力，应对市场风险能力较低。

未来，语言服务行业应加速行业整合，培养品牌企业。我国涉及语言服务企业机构有几十万家，但是知名品牌寥寥无几，与全球知名品牌机构差距较大，不利于我国语言服务行业走出国门。针对这种情况，要加速行业整合，调整行业结构，重点培养龙头企业机构，提升品牌竞争力。

（2）人才缺口较大。我国语言服务行业经过几十年的发展，相关高校、培训机构的招生人数也在不断扩大，但是我国语言服务的缺口依然非常巨大。以翻译行业为例：2019 年国内翻译行业从业人员约 70 万人，但是截至 2019 年我国翻译资格考试累计报名达 100 多万人，仅有 12 万人次获得了翻译资格证书。可见，我国大多数从事翻译业务的人员，未获得专业的资格证书。但即使是 70 万人左右的从业人员，也无法满足目前我国百万级以上人员的市场需求，更别提那些高端人才的需求。

未来，语言服务行业应提高人才引进力度，强化本土人才培养。由于语言服务培训、教育无法一蹴而就，一个翻译硕士人才，从大学到研究生毕业需要 6 ~ 7 年时间。因此，从国外引进翻译人才是迫切也是必需的步骤。以优惠政策引进相关人才，提供良好工作、生活环境，留住人才，同时，以国外人才带动国内本土人才，强化本土人才能力。

（3）行业发展不平衡。语言服务行业的发展与当地经济环境、人才积聚等因素有极大的关系，我国语言服务行业的发展在地理上呈现出不均衡发展的态势：东部沿海地区强于西北内陆地区；

经济发达地区强于欠发达地区；外语类高校集中在中西部地区（见表 2-1）。

表 2-1　2019 年我国主要外语类高校分布[①]

序号	学校名称	所在省市
1	中国传媒大学	北京
2	北京外国语大学	北京
3	外交学院	北京
4	北京语言大学	北京
5	北京第二外国语学院	北京
6	国际关系学院	北京
7	上海外国语大学	上海
8	广东外语外贸大学	广东
9	天津外国语大学	天津
10	大连外国语大学	辽宁
11	西安外国语大学	陕西
12	四川外国语大学	重庆
13	浙江外国语学院	浙江
14	吉林外国语大学	吉林
15	浙江越秀外国语学院	浙江

未来，各高校应深入校企合作、校校合作，学校加大对语言服务人才培养力度，为企业培养一专多能的高端、复合型人才。

2.2　北京冬奥会语言服务需求分析

按照语言服务的形式，冬奥会语言服务需求主要分为以下五个方面：

（1）笔译服务：主要是负责北京冬奥会和冬残奥会所有官方文件和出版物的翻译服务；

（2）口译服务：主要是赛前和赛时各类发布会口译、赛场与非赛场口译、多语种电话口译等翻译工作；

（3）机动语言服务：工作人员、媒体工作者临时语言交流服务；

① 数据来源：北京语言大学国际语言服务研究院研制。

（4）志愿者辅助翻译服务：懂参赛国家（地区）语言的各类学生志愿者和社会志愿者提供非竞赛的指引和辅助语言服务等；

（5）其他语言服务：包括运动员日常生活翻译，如场馆标牌、电话声讯翻译等。

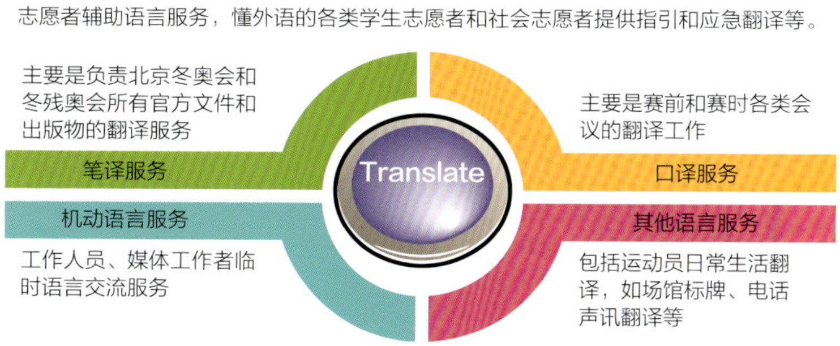

图 2-5　北京冬奥会语言服务内容[①]

在冬奥会整个庞大的体育赛事活动中，语言服务是最为基础、最为重要、最为复杂的一个环节。帮助来自世界各地的运动员、教练员、媒体记者、八方游客实现无障碍交流，保证比赛顺利进行，同时让参赛国家（地区）更加了解中国，是北京冬奥会语言服务的最终目的和宗旨。

2008 年，我国成功举办了奥运会，积累了较为丰富的语言服务经验，但是 2022 年的冬奥会与 2008 年的奥运会存在一定的差别，如冬奥会是在我国的北京和张家口两地举办，如何协调好语言服务人员和配备是将要面临的问题；同时，2022 年的语言服务技术、环境、需求与供给和 2008 年将有所不同，5G、AI 和机器翻译等都会应用到 2022 北京冬奥会语言服务当中，与 2008 年的语言服务环境也有所区别。因此，语言服务团队应充分利用 2008 年北京奥运会积累的经验并根据 2022 年北京冬奥会的实际情况作出调整。

2.3　北京冬奥会语言服务市场预测分析[②]

我国申办 2022 年第 24 届冬奥会成功，习近平总书记在十九大报告中明确要求筹办好北京冬奥会和冬残奥会[③]。三年来，北京冬奥会的各项准备工作都按计划进行，包括体育设施与场馆等硬件和语言服务软能力建设。届时预计将有超过百个国家（地区）参赛[④]，对北京冬奥会的语言服务

① 数据来源：北京语言大学国际语言服务研究院研制。

② 本节部分内容发表在 2020 年《经济与管理》第 3 期。

③ 习近平，决胜全面建成小康社会夺取新时代中国特色社会主义伟大胜利——在中国共产党第十九次全国代表大会上的报告，新华社，2017 年 10 月 18 日。

④ 截至 2021 年 10 月，北京冬奥组委尚未公布参赛国家（地区）名单，本研究依据 2014 年索契冬奥会和 2018 年平昌冬奥会的参赛国家（地区）预估计。

能力是一次考验。奥运经济对北京经济增长的拉动作用明显（顾海兵、张晓燕，2016），因此，我们不仅要高度重视与奥运直接相关的体育部门，也要重视与奥运密切相关的服务业，包括语言服务等在冬奥会准备期、举办期和会后期对京津冀经济发展带来的影响。本节以北京冬奥会对语言服务和京津冀经济增长的影响为重点开展预测研究，对北京冬奥会的语言服务能力建设提出建议，以期引起对语言服务行业、人才培养和科研的更多关注。

2.3.1 研究问题与方法

本研究具体回答以下 4 个问题：

（1）北京冬奥会的语言服务环境如何？提供多语言服务的难度和差异有多大？

（2）北京冬奥会语言服务提升是否能促进我国与各参赛国家（地区）的服务贸易增长？

（3）北京冬奥会是否能促进我国语言服务经济的增长？

（4）北京冬奥会语言服务经济增长是否对京津冀经济增长产生影响？

首先，本研究采用语言距离指数[①]，选取 2014 年索契冬奥会和 2018 年平昌冬奥会共 97 个参赛国家（地区）的官方语言为样本[②]，测量语言距离[③]，预测北京冬奥会的语言服务难度；其次，采用扩展引力模型，预测语言距离对我国与冬奥会参赛国家（地区）双边服务贸易流量的影响；再次，依据语言服务经济增长预测模型和 2018 年我国语言服务产值，预测北京冬奥会给我国语言服务产值带来的影响和变化；最后，根据北京冬奥会对我国语言服务产值的影响，预测北京冬奥会语言服务增长对京津冀经济增长的贡献度。

（1）语言距离指数测量

本研究根据 WALS，对 97 国（地区）的官方语言都进行语言特征赋值，如，在辅音特征中，将各种语言的辅音个数分为少（small）、较少（moderately small）、平均（medium）、较多（moderately large）、多（large）五个等级。参考 WALS 中列出的所有语言特征，将两种语言进行比较，采取虚拟变量的赋值方法，若特征相同，则赋值为 0，若特征不同，则赋值为 1，求和后取平均值，得出了两种语言之间的障碍指数，指数值越大，说明语言障碍度越大。

---

① “世界语言结构图谱”（The World Atlas of Language Structures，以下简称 WALS）提供的语言特征指标体系囊括了世界上 2 679 种语言和方言的 11 类特征，包括音系（Phonology）、形态(Morphology)、名词类（Nominal Categories）、名词句法（Nominal Syntax）、动词类（Verbal Categories）、词序（Word Order）、简单小句（Simple Clauses）、复杂句（Complex Sentences）、词汇（Lexicon）、手语（Sign Languages）和其他类（Other）。

② 截至 2021 年 10 月，北京冬奥会参赛国家（地区）名单尚未公布。因此，本研究采用前两届冬奥会的参赛国家（地区）为研究样本，中国香港和中国台湾除外。

③ 如果某一国家（地区）有两种或两种以上官方语言，我们分别计算语言距离，然后取平均值。

（2）引力模型计算

本研究构建了以下扩展引力模型来测量语言距离对我国与冬奥会参赛国家（地区）服务贸易流量的影响：

$$\ln(\mathrm{STRADE}_i)=\alpha+\beta_1\mathrm{LAN}_i+\beta_2\ln(\mathrm{PGDP}_i)+\beta_3\ln(\mathrm{DIST}_{it})+\beta_4\mathrm{CUL}_i+\mu$$

其中，被解释变量 STRADE_i 为我国与 i 国 2017 年的服务贸易流量；解释变量 LAN_i 表示我国与冬奥会参赛国家（地区）i 的语言距离。α 为常数项，μ 为随机扰动项。控制变量 PGDP_i 为 i 国的人均国内生产总值。DIST_i 为我国与 i 国的地理距离。CUL_i 表示我国对 i 国的文化对外传播力，用我国是否在 i 国设立了孔子学院来量化，采用虚拟变量方法，若该国设立了孔子学院，取值为 1；若没有设立，取值为 0。引力模型估算使用 STATA 14.0 软件进行面板数据回归，使用普通最小二乘法（OLS）对模型进行估计，考察我国与各参赛国家（地区）的语言距离对参赛国家（地区）国内生产总值（GDP）的影响，具体数据来源见表 2-2。

表 2-2　数据来源汇总

变量	变量代码	变量含义	计算指标	数据来源
自变量	LAN_i	语言距离	我国与北京冬奥会参赛国家（地区）的语言距离	依据 WALS 官网计算
因变量	STRADE_i	服务贸易流量	我国与北京冬奥会参赛国家（地区）i 2017 年服务贸易流量	世界银行数据库
控制变量	PGDP_i	国民消费能力	北京冬奥会参赛国家（地区）i 2017 年人均国内生产总值	世界银行数据库
	DIST_i	地理距离	我国与冬奥会参赛国家（地区）i 的地理距离	法国研究与国际信息中心 CEPII 数据库
	CUL_i	文化对外传播力	北京冬奥会参赛国家（地区）i 是否设立孔子学院	国家汉办官网

（3）语言服务增长预测模型

本研究对语言服务产值增长的预测采用罗慧芳（2018）的语言服务能力指数模型，基于 2017 年我国语言服务产值，估算 2008 年北京奥运会前后（2006 年至 2010 年）我国语言服务产值，并以此为依据预测北京冬奥会给我国语言服务产值带来的影响和变化，语言服务能力指数模型公式如下：

$$\mathrm{LSC}_{ij}=\frac{\mathrm{PRC}_{ij}+2.36\times\mathrm{SRC}_{ij}+2.12\times\mathrm{FRC}_{ij}}{\sum_{i=1}^{33}(\mathrm{PRC}_i+2.36\times\mathrm{SRC}_i+2.12\times\mathrm{FRC}_i)}\times 10\,000 \qquad \text{（公式 1）}$$

其中，LSC_{ij} 为 i 省第 j 年语言服务能力指数；PRC_i、PRC_{ij} 分别为 i 省 1993 年至 2015 年第 j 年私营语言服务企业注册资本总额，SRC_i、SRC_{ij} 分别为 i 省 1993 至 2015 年第 j 年国营语言服务企业注册资本总额，FRC_{ij}、FRC_i 分别为 i 省 1993 至 2015 年第 j 年外资语言服务企业注册资本总额。

（4）语言服务对经济增长贡献度预测

经济学中，贡献率指标用来分析经济增长过程中各因素作用的大小。本研究采用语言服务贡献率来衡量语言服务产业在经济增长中的作用，公式为：

$$\text{语言服务贡献率}=\frac{\text{语言服务产值增加额}}{\text{GDP增加额}}\times 100\% \qquad \text{（公式 2）}$$

2.3.2 结果与讨论

2.3.2.1 北京冬奥会语言服务环境评价

我们测量汉语与 97 个参赛国家（地区）官方语言之间的语言距离，并按距离从小到大排序（见表 2-3）。结果显示，我国与新加坡的语言距离最小，为 0.27；其他语言距离较小的国家包括韩国、朝鲜、泰国、日本，语言距离分别为 0.43、0.43、0.45 和 0.57。我国与马来西亚、摩尔多瓦的语言距离最大，为 0.99；其他语言距离较大的国家包括波黑、摩洛哥、黎巴嫩、蒙古国、斯洛伐克，语言距离分别为 0.91、0.91、0.91、0.96 和 0.98。

此外，我国与大部分参赛国家（地区）的语言距离集中在 0.50～0.89 之间，占参赛国家（地区）总数的 88%。其中，我国与 27 个国家（地区）的语言距离在 0.50～0.59 之间，占参赛国家（地区）总数的 28%，这些国家（地区）的官方语言主要集中在英语和西班牙语。我国与 16 个国家（地区）的语言距离在 0.60～0.69 之间，占参赛国家（地区）总数的 15.5%，这些国家（地区）的官方语言主要集中在德语和法语。我国与 22 个国家（地区）的语言距离在 0.70～0.79 之间，占参赛国家（地区）总数的 23%，这些国家（地区）大部分有两种或两种以上官方语言，一种为英语或其他通用语种，一种为非通用语种。我国与 18 个国家的语言距离在 0.80～0.89 之间，占参赛国家（地区）总数的 19%，这些国家（地区）的官方语言语种较为分散，且大部分为非通用语种。我国与 6 个国家（地区）的语言距离在 0.90～0.99 之间，占参赛国家（地区）总数的 6%，比例较小，涉及的语种包括波斯尼亚语、塞尔维亚-克罗地亚语、阿拉伯语、蒙古国语、斯洛伐克语、摩尔多瓦语和马来语。

表 2-3 我国与 97 个冬奥会参赛国家（地区）的语言距离排序①

序号	国家（地区）	官方语言	语言距离	序号	国家（地区）	官方语言	语言距离
1	新加坡	汉语、英语	0.27	50	拉脱维亚	拉脱维亚语	0.73
2	韩国	韩语	0.43	51	比利时	荷兰语、法语、德语	0.69
3	朝鲜	朝鲜语	0.43	52	津巴布韦	英语、修纳语	0.73
4	泰国	泰语	0.45	53	厄立特里亚	英语、阿拉伯语	0.74

① 数据来源：北京语言大学国际语言服务研究院研制。

续表

序号	国家（地区）	官方语言	语言距离	序号	国家（地区）	官方语言	语言距离
5	日本	日语	0.47	54	白俄罗斯	白俄罗斯语、俄语	0.75
6	澳大利亚	英语	0.52	55	波兰	波兰语	0.76
7	百慕大群岛	英语	0.52	56	罗马尼亚	罗马尼亚语	0.76
8	开曼群岛	英语	0.52	57	哈萨克斯坦	哈萨克语、俄语	0.76
9	多米尼加	英语	0.52	58	卢森堡	法语、德语、卢森堡语	0.76
10	英国	英语	0.52	59	保加利亚	保加利亚语	0.76
11	牙买加	英语	0.52	60	英属维尔京群岛	英语、瓜德罗普岛克里奥尔语、海地克里奥尔语、西班牙语	0.77
12	美国	英语	0.52	61	瑞士	法语、德语、意大利语、拉丁系语言	0.77
13	加纳	英语	0.52	62	塔吉克斯坦	波斯语、塔吉克语	0.78
14	尼日利亚	英语	0.52	63	阿尔巴尼亚	阿尔巴尼亚语	0.79
15	南非	英语	0.52	64	意大利	意大利语	0.79
16	新西兰	英语、毛利语	0.53	65	圣马力诺	意大利语	0.79
17	菲律宾	英语、塔加拉族语	0.55	66	塞浦路斯	塞浦路斯语、土耳其语	0.79
18	波多黎各	西班牙语、英语	0.55	67	立陶宛	立陶宛语	0.79
19	吉尔吉斯斯坦	俄语	0.56	68	荷兰	荷兰语	0.79
20	俄罗斯	俄语	0.56	69	瑞典	瑞典语	0.79
21	土耳其	土耳其语	0.57	70	巴西	葡萄牙语	0.80
22	阿根廷	西班牙语	0.58	71	挪威	挪威语	0.80
23	智利	西班牙语	0.58	72	葡萄牙	葡萄牙语	0.80
24	墨西哥	西班牙语	0.58	73	尼泊尔	尼泊尔语	0.81
25	秘鲁	西班牙语	0.58	74	科索沃	阿尔巴尼亚语、塞尔维亚语	0.81
26	西班牙	西班牙语	0.58	75	冰岛	冰岛语	0.81
27	委内瑞拉	西班牙语	0.58	76	以色列	希伯来语、阿拉伯语	0.82
28	玻利维亚	西班牙语	0.58	77	东帝汶	葡萄牙语、特顿语	0.82
29	哥伦比亚	西班牙语	0.58	78	克罗地亚	塞尔维亚-克罗地亚语	0.82
30	厄瓜多尔	西班牙语	0.58	79	丹麦	丹麦语	0.82

续表

序号	国家（地区）	官方语言	语言距离	序号	国家（地区）	官方语言	语言距离
31	加拿大	法语、英语	0.58	80	黑山	塞尔维亚-克罗地亚语	0.82
32	匈牙利	匈牙利语	0.59	81	塞尔维亚	塞尔维亚-克罗地亚语	0.82
33	肯尼亚	英语、斯瓦希里语	0.60	82	安道尔	加泰罗尼亚语	0.84
34	巴拉圭	瓜拉尼语、西班牙语	0.61	83	乌克兰	乌克兰语	0.84
35	伊朗	波斯语	0.62	84	乌兹别克斯坦	乌兹别克语	0.84
36	德国	德语	0.63	85	阿塞拜疆	阿塞拜疆语	0.85
37	希腊	希腊语	0.63	86	斯洛文尼亚	斯洛文尼亚语	0.85
38	列支敦士登	德语	0.63	87	爱沙尼亚	爱沙尼亚语	0.87
39	马达加斯加	马达加斯加语、法语	0.63	88	捷克	捷克语	0.88
40	奥地利	德语	0.63	89	马其顿	迪维希语	0.89
41	法国	法语	0.64	90	马耳他	马耳他语	0.89
42	摩纳哥	法语	0.64	91	波黑	波斯尼亚语、塞尔维亚-克罗地亚语	0.91
43	多哥	法语	0.64	92	摩洛哥	阿拉伯语	0.91
44	爱尔兰	英语、爱尔兰语	0.66	93	黎巴嫩	阿拉伯语	0.91
45	亚美尼亚	亚美尼亚语	0.68	94	蒙古国	蒙古国语	0.96
46	格鲁吉亚	格鲁吉亚语	0.69	95	斯洛伐克	斯洛伐克语	0.98
47	芬兰	芬兰语、瑞典语	0.69	96	摩尔多瓦	摩尔多瓦语	0.99
48	巴基斯坦	英语、乌尔都语	0.70	97	马来西亚	马来语	0.99
49	汤加	英语、汤加语	0.72				

总体看，我国冬奥会语言服务环境较为复杂，语言服务难度较大，呈现出以下三个特点：

首先，我国与北京冬奥会参赛国家（地区）的语言距离总体偏大，与约 95%的国家（地区）的语言距离都在 0.5 以上，与个别国家（地区）的语言距离甚至达到了 0.9 以上，表明北京冬奥会语言服务障碍很大，对提高北京冬奥会的语言服务质量提出了挑战。其次，各参赛国家（地区）之间的语言距离不同，表明语言服务难度不一。我国与新加坡的语言距离最低，为 0.27，与摩尔多瓦、马来西亚的语言距离最高，为 0.99。再次，参赛国家（地区）的官方语言较为分散，不利于开展高质量语言服务。参赛国家（地区）较为集中的语种包括英语、西班牙语、德语、法语等，对这些语种的语言服务人员培训和质量提高应早做准备。尽管我们有成功举办 2008 年北京奥运会的经验，但北京冬奥组委和京津冀各有关部门应充分认识本次冬奥会语言服务的复杂度和艰巨性，提前做好各种语言服务快速反应机制和预案，确保大型赛事的语言服务质量和满意度达标。

2.3.2.2　语言距离对北京冬奥会参赛国家（地区）服务贸易的影响

扩展引力模型分析结果显示，语言距离对我国与参赛国家（地区）双边服务贸易流量有显著负向影响，回归系数为-3.45，也就是说，在其他控制变量不变的情况下，语言距离每降低 1 个单位，服务贸易流量就增加 3.45%（见表 2-4）。

表 2-4　语言距离对我国与参赛国家（地区）服务贸易流量的影响引力模型分析[1]

变量	模型
LAN	-3.453 244***（-4.54）
DIST	-0.255 882 6（-1.23）
CUL	1.074 647**（2.10）
PGDP	0.998 427 5***（11.25）
_cons	19.049 83
N	77
R^2	0.684 4
R^2_a	0.701 0
F	42.21
p	0.000 0

t statistics in parentheses
*p＜0.1，**p＜0.05，***p＜0.01

如果按 2017 年我国的服务贸易总额为 4.699 1.1 万亿元测算的话，我国与参赛国家（地区）的服务贸易流量如果增加 3.45%，服务贸易额就净增 1 621.2 亿元。可见，降低语言障碍是北京冬奥会不容忽视的因素。世界贸易组织（WTO）《服务贸易总协定》规定的服务贸易包括跨境支付、境外消费、商业存在和自然人流动等方式。举办北京冬奥会必将带来大量跨境支付、消费和运动员和游客的流动，从而拉动服务贸易。因此，提升语言服务能力，使北京冬奥会语言服务更加便捷和高效，让每个参赛国家（地区）满意，让全世界来华游客满意，对于促进我国与冬奥会参赛国家（地区）的相互了解和信任，促进全球的服务贸易增长具有重要意义。

2.3.2.3　北京冬奥会对语言服务增长的预测

为了进一步预测北京冬奥会带来的语言服务产值增长，我们通过语言服务能力指数（公

---

① 数据来源：北京语言大学国际语言服务研究院研制。

式 1）和《2016 中国语言服务行业发展报告》数据，估算了 2008 年北京奥运会的语言服务产业增加值（见表 2–5），并运用 2008 年北京奥运会语言服务产值增加模型对北京冬奥会语言服务产值进行类比预测分析。

表 2–5　2008 年北京奥运会语言服务产值增加额①

年度	2006	2007	2008	2009	2010
语言服务产值增加额（亿元）	0	95.5	96.1	97.1	139.0

为了准确推算北京冬奥会对语言服务产值的促进和影响，我们考虑了物价变动的因素后，得到北京冬奥会语言服务增长预测产值（见表 2–6）。

表 2–6　北京冬奥会语言服务产值增加额预测②

年度	2020	2021	2022	2023	2024	总计
语言服务产值增加额（亿元）	0	106.4	107.1	108.2	120.5	442.2

数据显示，北京冬奥会举办的会前、会中和会后三个阶段（2020—2024 年），我国的语言服务产值预计可总增长额约为 442.2 亿元，年平均增长 110.5 亿元，相当于 2017 年全年语言服务产值的 1.23 倍。我们认为，北京冬奥会将为语言服务经济带来巨大的发展潜力和经济增长。

2.3.2.4　北京冬奥会语言服务对京津冀经济增长的贡献度

首先，我们预测 2020—2024 年我国 GDP 总量和增加值、京津冀 GDP 总量和增加值、全国语言服务产值和京津冀语言服务产值，并以此为基础，估算北京冬奥会语言服务增长对京津冀经济增长的贡献度。以 2017 年我国 GDP 为 82.71 万亿元为基准，以国家统计局发布的 2018 年 GDP 增长 6.6%为平均增速，可以得到我国 2020—2024 年的 GDP 预测值为 571.57 万亿元，增加值为 29.18 万亿元（见表 2–7）。

表 2–7　2020—2024 年我国 GDP 预测值和增加值③

年度	2020	2021	2022	2023	2024	总计
GDP 预测值（万亿元）	100.19	106.8	113.85	121.36	129.37	571.57
GDP 增加值（万亿元）	0	6.61	7.05	7.51	8.01	29.18

①②③ 数据来源：北京语言大学国际语言服务研究院研制。

为了估算语言服务产值在京津冀 GDP 中的占比，我们首先计算了全国语言服务产值在全国 GDP 中的占比。以 2017 年我国语言服务产值 359.3 为基准[①]，以表 2-5 的语言服务产值预测增加额为依据，北京冬奥会前后我国语言服务产值预测总额为 695 亿元，占 GDP 的 0.058%（见表 2-8）。

表 2-8　北京冬奥会前后全国语言服务产值预测[②]

年度	2020	2021	2022	2023	2024	总计	平均
语言服务产值预测值（亿元）	478.2	584.6	691.7	799.9	920.4	3474.8	695.0
在 GDP 中占比	0.04%	0.05%	0.06%	0.07%	0.07%	0.29%	0.058%

按照京津冀 GDP 与全国 GDP 增幅大体相同，并且语言服务产值同比预测，我们估算出 2020—2024 年京津冀 GDP 预测值为 11.13 万亿元，北京冬奥会语言服务产值为 65.6 亿元（见表 2-9）。

表 2-9　京津冀 GDP 及北京冬奥会语言服务产值预测[③]

年度	2020	2021	2022	2023	2024	平均
京津冀 GDP 预测值（万亿元）	9.75	10.40	11.08	11.81	12.59	11.13
北京冬奥会语言服务产值（亿元）	39	52	66	83	88	65.6

将表 2-5、表 2-6 的数据带入公式 2，我们可以推算出北京冬奥会语言服务产值对我国经济增长的贡献率为 0.15%（见表 2-10）。

表 2-10　北京冬奥会语言服务对全国 GDP 增长贡献率[④]

年度	2020	2021	2022	2023	2024	平均
贡献率	0	0.16%	0.15%	0.14%	0.15%	0.15%

以上数据表明，2020—2024 年期间，我国 GDP 增加值总计将达到 29.18 万亿元，语言服务行业贡献率约为 0.15%。按照同比计算，以 2017 年较 2016 年京津冀 GDP 增加 0.48 万亿元为 GDP 年均增幅基准，保守估计，北京冬奥会语言服务产值的年均增幅为 7.2 亿元，将为京津冀 GDP 带来总计 28.8 亿的增长。由此可见，北京冬奥会语言服务是奥运经济的重要组成部分，对促进我国经济增长和京津冀经济增长的贡献显著，因此，我国应高度重视北京冬奥会语言服务，

① 数据来源为《2018 中国语言服务行业发展报告》，因 2017 年语言服务产值同比增长 10%（中国译协，2018），2018 年、2019 年和 2020 年以年均 10% 的增速为平均增速预测。

②③④ 数据来源：北京语言大学国际语言服务研究院研制。

提高语言服务能力和质量，推动语言服务经济增长。

2.3.2.5 研究发现

本研究得到以下发现：

（1）北京冬奥会语言服务环境复杂，难度较大，我国与参赛国家（地区）之间语言距离整体偏高，与不同国家间的语言距离不等，其中，我国与新加坡的语言距离最小，为 0.27，其次为韩国、朝鲜、泰国、日本。与马来西亚、摩尔多瓦的语言距离最大，为 0.99。我国与大部分参赛国家（地区）的语言距离都在 0.50 至 0.89 之间，占参赛国家（地区）总数的 88%，表明北京冬奥会的语言服务工作存在较大难度和不确定性。

（2）语言距离对我国与参赛国家（地区）之间的服务贸易流量具有显著负向影响，在其他变量不变的情况下，语言距离每降低 1 个单位，服务贸易流量就相应增加 3.45 个单位，如果按 2017 年的服务贸易总额测算，我国与参赛国家（地区）的服务贸易流量如果增加 3.45%，服务贸易额就净增 1621.2 亿元，因此，克服语言障碍、提高语言服务能力对促进奥运经济增长十分重要。

（3）2020—2024 年我国语言服务产值预计增加约 442.2 亿元，相当于 2017 年全年语言服务产值的 1.23 倍。北京冬奥会的准备期、举办期和会后期将拉动全国的语言服务经济增长 695 亿元。

（4）北京冬奥会语言服务产值对京津冀 GDP 增长贡献率约为 0.15%，年均增幅达 7.2 亿元，四年可为京津冀 GDP 带来总计 28.8 亿元的增长。

第 3 章

大数据评价方法

3.1 数据来源介绍

3.1.1 政府官方数据

本报告中关于北京冬奥会的比赛项目、项目小类、参赛国家（地区）、参赛人员、比赛场馆、观众席位设置、志愿者申请数量、志愿者申请结构等数据和信息均来源于北京 2022 年冬奥会和冬残奥会组织委员会，经济数据来自国家统计局和国家工商总局数据库。

3.1.2 行业机构报告数据

本报告中关于国内语言服务行业发展历程、国内语言服务市场规模、相关机构家数等数据来自中国翻译协会等行业机构。国外数据引用了美国 Common Sense Advisory（CSA）相关研究报告。

3.1.3 微信、微博和网站数据

微信、微博和网站数据是本报告的重要数据来源。为确保可靠性，本报告共抓取与北京冬奥会相关的腾讯微信、新浪微博和网站信息数据约 24 万条，并清洗、整理和分析后，生成大数据词云图。

3.1.4 国内语言服务提供商、培训机构等企业发布的相关数据

如科大讯飞、武汉传神、英孚教育等机构发布的相关数据。这些企业会定期或不定期发布行业、企业自身的相关数据及信息。

3.2 数据分析方法

本报告采用了三种数据抓取技术：（1）批量型抓取；（2）增量型抓取；（3）垂直型抓取。本报告在数据抓取方面采用的关键字抓取方法，即通过在相关的数据来源渠道中搜寻“语言服务”“冬奥会”等关键词和相关的字眼，广泛搜集相关的数据和资讯。在搜集到相关数据和资讯后，对搜集到的相关数据和资讯进行甄别、筛选和处理，并最终通过云图、图表等形式展现出来。时间节

点为 2015 年 7 月 31 日至 2020 年 7 月 30 日[①]。

3.2.1 抓取北京冬奥会语言技术集成及服务数据

（1）北京冬奥会跨语言术语平台服务数据：平台访问总量、国内访问量、海外访客量、平台服务满意度（点赞率、响应速度、评论）。

（2）北京冬奥会“两微”语言服务数据，数据包括冬奥会官方微博和微信公众号发布量、转发量、点赞量、评论量、话题分布。

① 微博服务：关键词为北京 2022 年冬奥会+语言/翻译服务/技术；北京冬奥会+微博+语言/翻译服务。

② 微信服务：关键词为北京 2022 年冬奥会+语言/翻译服务/技术；北京冬奥会+微信+语言/翻译服务。

③ 语言服务 app 服务（全国范围内冬奥会 app 服务和用户使用情况调查），抓取关键词为：北京冬奥会+语言 app/语言服务 app/语言服务 app 软件/术语 app/翻译 app/翻译 app 软件/翻译服务 app/本地化 app/语言学习 app/多语种 app。

④ 语音识别与合成服务（全国范围内冬奥会 app 服务现状调查，包括服务领域，主要产品及特点、使用情况等），抓取关键词为：北京冬奥会+语音识别/翻译产品//翻译应用/翻译软件/多语种语音识别/语音合成技术。

⑤ 机器翻译服务（全国范围内冬奥会机器翻译服务现状调查，包括服务领域、主要产品特点、使用情况等），包括百度、有道等主流机器翻译引擎，抓取企业用户使用量、企业类型、翻译内容、满意度（点赞量、评论），抓取关键词为：北京冬奥会+机器翻译/机器翻译服务/产品/使用/功能/介绍/用户

⑥ 人机对话服务，冬奥会人机对话产品；冬奥会人机对话应用；冬奥会人机对话软件，包括中译语通语言盒子、科大讯飞产品等。

3.2.2 抓取北京冬奥会语言翻译和培训服务数据

（1）抓取全国范围内冬奥会语言服务专家库建设进展数据，抓取关键词为：北京冬奥会+语言专家/翻译专家/翻译团队/语言团队。

（2）抓取全国范围内冬奥会语言服务提供商（企业）投/中标情况数据，抓取关键词为：北京冬奥会+翻译服务提供商/语言服务提供商/翻译公司。

---

① 本报告大数据抓取由中译语通公司大数据团队协助，特此鸣谢。

（3）抓取奥组委、国家省市各级发布培训标准编制和发布情况数据，抓取关键词为：北京冬奥会+多语种/多语言/语言培训标准/规范/要求/小语种/多语种培训标准/规范。

（4）抓取全国各出版社冬奥会相关教材编写和出版情况，抓取关键词为：北京冬奥会+语言培训教材/教材出版/多语种培训教材/翻译培训教材。

（5）抓取京津冀外语志愿者培训数量、语种数据，抓取关键词为：北京冬奥会+外语志愿者培训/多语种志愿者培训/志愿者语言培训/志愿者外语培训。

3.2.3 抓取北京冬奥会语言环境建设数据

（1）抓取全国各省市发布的语言文字规范服务的法律法规和新闻数据，抓取关键词为：北京冬奥会+语言规范/文字规范/语言文字规范。

（2）抓取冬奥会举办区域路牌、标牌双语规范状况数据，抓取关键词为：北京冬奥会+路牌双语规范/标牌双语规范/路牌多语规范/标牌多语规范。

（3）抓取冬奥会场馆语言环境服务数据，抓取关键词为：北京冬奥会+场馆语言环境/场馆双语标识/场馆多语标识/场馆多语环境/场馆语言规范/场馆多语规范。

（4）抓取全国范围内冬奥会术语库建设进展数据，抓取关键词为：北京冬奥会+术语库/多语种术语库/双语术语库。

（5）抓取津冀冬奥大讲堂开展相关新闻报道数据，抓取关键词为：北京市/天津市/河北省冬奥会大讲堂。抓取北京各区冬奥大讲堂的相关新闻报道数据，包括海淀区、朝阳区等，抓取关键词为：北京市东城区/西城区/海淀区/朝阳区/丰台区+冬奥大讲堂。

（6）抓取全国/北京范围内冬奥会相关书目、读本情况统计，抓取关键词为：北京冬奥会+读本/书刊/书籍/图书/手册，包括抓取当当网/京东/淘宝/亚马逊网站数据，抓取关键词为：Beijing WinterOlympics/OlympicGames/readings/book/magazine/pamphlet/leaflet/handbook/pictorial。

3.2.4 抓取北京冬奥会语言文化展示服务数据

（1）抓取北京冬奥会场馆展示中心数量、现状、特点数据，抓取关键词为：北京冬奥会+场馆文化活动/场馆文化展示。

（2）抓取冬奥会各国文化宣传的种类和现状数据，抓取关键词：北京冬奥会参赛国家（地区）+文化推介/文化宣传/文化介绍。

（3）抓取冬奥会语言文化体验项目数据，抓取关键词为：北京冬奥会+语言体验/文化体验/多语种文化体验。

3.2.5　抓取北京冬奥会应急语言服务数据

（1）抓取应急语言服务基础设施数据，抓取关键词为：北京冬奥会+应急术语/应急语言/应急语言技术。

（2）抓取应急语言服务队伍培训数据，抓取关键词为：北京冬奥会+应急翻译培训/应急口译培训/应急笔译培训/应急语言培训。

第 4 章

北京冬奥会语言技术集成及服务分析

4.1 北京冬奥会“两微”语言服务

4.1.1 北京冬奥会微博语言服务

微博大数据分析显示，新浪微博是北京冬奥会主要宣传平台之一，官方微博“北京 2022 年冬奥会”已经拥有 220.3 万粉丝，转发、评论和点赞数已超过 4 483.8 万，视频累计播放量 3.48 亿[①]。我们以“北京冬奥会+微博+语言/翻译服务”为关键词，抓取了新浪微博平台发布的有关北京冬奥会的报道数据，形成了大数据词云图 4-1。

图 4-1　北京冬奥会微博语言服务大数据分析[②]

大数据词云图显示，除了“北京”“冬奥会”“冬奥”“残奥会”等与搜索关键词最为接近的词语外，新浪微博发布消息大数据显示出以下三个特点：（1）“奥组委”“比赛”“冰雪”“滑雪”“冰壶”“冰球”和“速滑”等关键词较为凸显，表明新浪微博对于北京冬奥会赛会组织和各个竞技项目比赛的语言服务较为关注。（2）微博大数据出现了“运动员”“队员训练”等高频词组，说明为运动员和队员训练提供语言服务也受到关注。（3）微博大数据出现北京市、张家口、延庆。

4.1.2 北京冬奥会微信语言服务

除新浪微博以外，官方微信公众号“北京 2022 年冬奥会”以及同名视频号也持续发布北京

① 截至 2021 年 10 月 20 日。

② 数据来源：北京语言大学国际语言服务研究院研制。

冬奥会的筹备状况以及官方新闻，同样收到了微信用户的广泛关注。我们以“北京冬奥会+微信+语言/翻译服务”为关键词，抓取了官方微信公众号和视频号发布的有关北京冬奥会的报道数据，共计 1433 条，截至 2021 年 10 月 20 日，形成了大数据词云图 4-2。微信视频号已经发布了 72 篇宣传北京冬奥会的原创微信短视频内容。

图 4-2　北京冬奥会微信语言服务大数据分析[①]

大数据词云图显示，“冰雪”“滑雪”“项目”“志愿者”和“场馆”等关键词相对凸显，说明官方微信和视频号发布的信息同样关注北京冬奥会各比赛项目和组织过程中的语言服务，同时，志愿者的语言服务培训和比赛场馆的语言服务环境都引起了官方微信和视频号的高度关注，涉及语言服务志愿者的招募、语言服务志愿者培训、语言服务志愿者岗位、语言服务志愿者保障等方面。

4.2　北京冬奥会 app 语言服务

4.2.1　冬奥会 app 服务情况

我们以“北京冬奥会+语言 app/语言服务 app/语言服务 app 软件/术语 app/翻译 app/翻译 app 软件/翻译服务 app/本地化 app/语言学习 app/多语种 app”为关键词，抓取了全国范围内冬奥会 app 语言服务和用户使用情况数据，形成了大数据词云图 4-3。

① 数据来源：北京语言大学国际语言服务研究院研制。

图 4-3 北京冬奥会语言服务 app 大数据分析[①]

大数据词云图显示，除了“北京”“冬奥会”“语言”“服务”等与搜索关键词最为接近的词语以外，北京冬奥会语言服务 app 最关注“志愿者”，表明在 app 中呈现的北京冬奥会志愿者语言服务相关内容数量最多。此外，数据词云图还反映出 app 中“国际”“机场”“赛会”“组委会”“技术”“讯飞”等关键词出现频次较高，说明北京冬奥会语言服务 app 比较关注的内容涉及北京冬奥会的国际影响、机场语言服务、赛会组织过程中的语言服务以及语言服务技术等方面。

4.2.2 冬奥会 app 服务特点

北京冬奥会 app 服务显示出以下两个特点：

（1）提供的内容权威专业

冬奥术语 app 关于冬奥会和冬残奥会的有关术语的界定、相关项目的介绍、比赛项目的设置、比赛场馆的安排、相关项目的发展历程、北京冬奥会和冬残奥会的最新进展情况均由北京 2022 年冬奥会和冬残奥会组织委员会发布，相关术语和资讯的翻译均由行业内专业人士和专业的翻译人员完成，这为冬奥会语言服务 app 的权威性和专业性提供了保障。

（2）展现的方式丰富多样

在展示形式方面，冬奥会语言服务 app 有三种形式：文字展现、图片展现和视频展现。文字展现形式可以使用户更加详尽地对相关术语进行了解；图片展现使用户对冬奥项目有了更加直观的感觉；视频则给了用户身临其境的非凡体验。

① 数据来源：北京语言大学国际语言服务研究院研制。

4.3 北京冬奥会跨语言术语服务

“面向冬奥会的跨语言术语库建设及应用开发”项目由北京冬奥组委委托北京语言大学语言资源高精尖创新中心研发，刘和平教授为项目负责人，8 个语种的中外语言专家参与建设，为 2022 年北京冬奥会提供多语种的术语查询终端服务。冬奥会跨语言术语服务平台由“数据层”“应用层”“服务层”和“扩展层”四部分组成（见表 4-1）。

表 4-1　北京冬奥会跨语言术语服务平台项目建设内容[①]

序号	平台	建设内容
1	数据层	平台的底层支撑平台，涵盖冬奥会不同领域的权威跨语言术语词条，实时更新，确保术语词条的准确性
2	应用层	冬奥会相关网站、有查询功能的电子屏、信息亭、手机终端均可通过统一数据接口查询相关信息
3	服务层	为赛会提供口译服务、笔译服务
4	扩展层	根据实际需求，提供更多服务，如术语可视化等

2021 年 10 月 27 日，在北京冬奥会倒计时 100 天之际，《冬奥会体育项目名词》发布暨“冬奥术语平台”V3 版交付仪式在冬奥组委举行。《冬奥会体育项目名词》和“冬奥术语平台”收录的名词涉及北京冬奥会和冬残奥会全部竞赛项目，覆盖中、英、法、日、韩、俄、德、西班牙 8 个语种，旨在为北京冬奥会的口笔译人员、志愿者、运动员、裁判员、新闻媒体工作人员提供服务。《冬奥会体育项目名词》采用融合出版的形式，纸质内容与冬奥术语平台融合联动。

从平台术语收录情况来看，冬奥术语平台收录整理冬奥术语近 8 万条；从平台的语种覆盖情况来看，冬奥术语平台涵盖了全球使用人数最多的语种；从平台的使用主体来看，冬奥术语平台主要对社会进行公开；从平台的更新和修正主体来看，冬奥术语平台主要由其研发主体——北京语言大学语言资源高精尖创新中心负责更新、维护和运营；北京冬奥组委各部（中心）及场馆团队除了可以通过该平台查询相关术语以外，还可以进行相关术语的补充和修正；从平台研发的意义来看，冬奥术语平台是冬奥会史上首创的语言服务新模式，大大方便了全球冬奥会相关项目爱好者，同时也有利于北京冬奥会相关进展及资讯的展示和传播，也是中国文化，尤其是北京文化对外展示的重要窗口，该平台的发布也得到了国际奥委会语言服务顾问的高度认同。

① 内容来源：根据公开信息整理而得。

图 4-4　北京冬奥会术语查询系统界面[①]

冬奥术语平台具有以下三个特点：

（1）术语语种全。平台目前共有冬奥会核心竞赛术语 9 539 条，提供中、英、法、俄、德、日、韩等八个语种词条，与冬奥会首场测试赛相关的高山滑雪多语言竞赛术语已于赛前上线。

（2）平台功能齐。平台网站端新增术语报错和修改、术语标注和提取功能，还推出了移动端 app。

（3）服务范围扩大。平台将面向公众开放，免费使用，并在网站和手机端推出查词服务。

目前，经查询，冬奥术语平台术语总量达 12.5 万条，其中，中文术语 27 022 条、英文术语 30 015 条、法语术语 19 166 条、日语术语 12 388 条、俄语术语 16 111 条、韩语术语 11 135 条、德语 9 539 条。

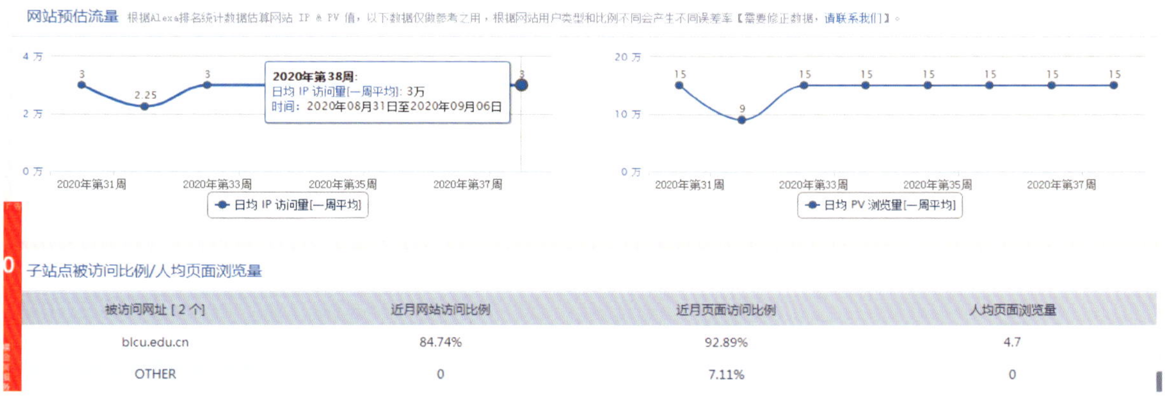

图 4-5　北京冬奥会网站访问量分析[①]

① 数据来源：北京冬奥体育术语查询平台。

4.4　北京冬奥会网络媒体语言服务

课题组以“北京冬奥会+语言/翻译服务”为关键词，对北京冬奥会网络语言服务数据进行抓取，重点抓取有关北京冬奥会的网络新闻报道，对数据降噪后，共收集有效新闻数据 790 条，生成大数据词云图 4-6。

图 4-6　北京冬奥会网站语言服务大数据分析[②]

大数据词云图显示，除“北京”“冬奥会”“服务”“语言”等与搜索关键词接近的词语以外，“志愿者”“赛会”“机场”“技术”等较为凸显，表明北京冬奥会语言服务新闻对志愿者语言服务培训、机场接待语言服务能力、赛会语言服务环境和语言服务技术水平等相关问题的关注度最高。其中，330 条新闻的情感倾向为正面，占比 41.7%；459 条新闻的情感倾向为中立，占比 58.1%，极少出现负面新闻。数据表明，网络媒体新闻对冬奥会语言服务给予高度肯定评价，这从一个侧面反映出冬奥会语言服务质量较高，令各类网媒和网民满意，得到一致认可。数据还显示，冬奥会语言服务新闻涉及教育、传媒、对外关系、电子信息、交通运输等多个行业，表明冬奥会语言服务能力的提升不单是语言服务行业的重要任务，也需要全社会各个行业的共同努力。

为进一步考察冬奥会网络新闻语言服务情况，我们抓取国内权威网络媒体报道大数据，以“北京冬奥会+语言/翻译服务”为关键词，抓取人民网、中国网、新华网、环球网、中国日报网等具有较高影响力的网站冬奥会新闻数据，共得到 457 条新闻大数据，网络文本情感分析显示，

---

① 数据来源：北京冬奥会官方网站公开数据统计。

② 数据来源：北京语言大学国际语言服务研究院研制。

全部新闻的情感倾向均为正面肯定或客观中立，其中 174 条新闻的情感倾向为正面肯定，占比 38.1%；283 条新闻的情感倾向为客观中立，占比 61.9%，这表明各大网络官方媒体平台对冬奥会语言服务能力充满信心，营造良好的冬奥会语言服务环境和语言服务水平得到了政府和社会的认可。

4.5 北京冬奥会机器翻译服务

我国机器翻译服务行业起步较晚，但是行业发展迅速，截至 2019 年，行业市场规模已经达到 27.2 亿元。《2019 中国语言服务行业发展报告》对国内语言服务提供商进行的调研统计数据显示，国内语言服务提供商对机器翻译的依赖性相对较高，达到了 75%；其中 41%的语言服务提供商表示会经常用到机器翻译；44.3%的语言服务提供商表示偶尔会用到机器翻译。国内的互联网巨头百度、阿里、腾讯、科大讯飞、网易等企业纷纷向机器翻译市场布局。在人机对话及人工智能领域相对处于领先地位的科大讯飞在翻译机方面走在了其他互联网巨头的前列，其机器翻译产品年销量达 30 多万台，占据了整个机器翻译市场 70%左右的市场份额。

冬奥机器翻译项目包括文本机器翻译系统和语音机器翻译系统。文本机器翻译系统主要部署到服务器端，用于冬奥会网站内容、文档资料和新闻报道的自动翻译，目的在于大幅度减轻人工翻译人员的工作负担。语音机器翻译系统主要部署到移动设备端，用于帮助解决各类人员在比赛、餐饮、就医、旅游、购物等多个场景下遇到的语言沟通障碍问题。

表 4-2　国内冬奥会主要机器翻译服务对比[①]

提供商	产品分析	优势分析
百度	百度机器翻译	1. 支持全球近 30 种语言的互译； 2. 创新性地提出了将深度学习模型和多种主流翻译模型相融合，从整体上提升翻译效果； 3. 利用句法特征有效地解决了翻译过程中的句子长距离调序问题； 4. 系统提出了基于“枢轴语言”的机器翻译模型，攻克了机器翻译中小语种覆盖和语言快速迁移的难题； 5. 将百度最先进的搜索技术与翻译技术相结合，从海量的互联网网页中获取高质量翻译知识。
阿里巴巴	阿里机器翻译	实现多语言语种识别与自动翻译功能，领先的自然语言处理技术和海量的互联网数据。
腾讯	腾讯云机器翻译	支持 15 个语种，80 多种语言的翻译能力，结合了神经机器翻译和统计机器翻译，从大规模双语语料库中自动学习翻译知识，实现从源语言文本到目标语言文本的自动翻译。

① 数据来源：根据网络公开信息整理。

续表

提供商	产品分析	优势分析
北京语言大学语言资源高精尖创新中心	冬奥机器翻译	收录近 130 万句对的高质量领域文本语料和近 20 万句对的语音语料。
科大讯飞	讯飞翻译机	1. 多国语言实时互译：语种覆盖全球近 200 个国家和地区； 2. 离线翻译：没有信号照样能使用，免费免流量； 3. 轻松联网：5 种联网方式（WiFi、热点、蓝牙、SIM 卡、全球流量卡），还能充当移动 WiFi； 4. 行业专业翻译：优化不同行业特有词汇，翻译更地道； 5. 拍照翻译：轻松看懂 13 国外语，自己动手不求人； 6. 方言翻译：普通话不标准的长辈也能无门槛使用 5 种方言翻译：粤语、四川话、东北话、河南话、山东话；两种民族语言翻译：汉维互译、汉藏互译； 7. 外语学习：平时用翻译机交流沟通，闲时用翻译机学习外语； 8. 翻译结果导出：翻译记录可导出到手机、电脑，方便后续查阅、编辑或分享； 9. SOS 紧急联络：面对紧急情况不慌张，一键通知紧急联络人。

北京冬奥会机器翻译服务具有突出的优势：一是机器翻译能够快速处理冬奥会新闻报告和赛事文件信息，对于译员而言，会存在一定的知识盲区，对特定冬奥会比赛项目进行翻译时可能会影响翻译的速度和专业性。冬奥会机器翻译通过自动检索相关的专业知识，进行语言文字转化，解决人工翻译时面临的专业知识欠缺问题。二是冬奥会机器翻译可给出更多的翻译选择，无论是汉语还是外语，都存在一词多义的情况，机器在翻译时可以给出多个选项，供译员根据具体语境选择。

4.6　北京冬奥会人机对话服务

2019 年 9 月，“北京冬奥项目知识图谱资源及问答系统”发布，项目组针对北京冬奥会语言服务“冬奥知识碎片化”“知识展示单一化”“服务手段智能化不足”三大问题，通过冬奥项目知识图谱构建、基于知识的语义分析算法、基于知识图谱的知识查询和关联等技术，为冬奥会的信息服务提供技术支撑。

目前，2022 年冬奥会人机对话服务的应用场景主要集中在以下几个方面：

（1）公寓入住。主要应用于奥运村公寓的室内场景。可实现参赛团队人员入住协助和导引解说的基本功能。

（2）移动售货。主要应用于各类非竞赛场馆的室内场景。可实现场馆内流动人员移动售货的基本功能。

（3）社区配送。主要应用于奥运村公寓的室外场景。可实现参赛团队人员物品配送的基本功能。

（4）点菜送餐。主要应用于奥运餐厅的室内场景。可实现用餐人员点菜和送餐的基本功能。

（5）客房服务。主要应用于奥运村客房的室内场景。可实现入住人员客房服务的基本功能。

（6）导览翻译。主要应用于各类竞赛场馆的室内场景。可实现协助参赛运动员入场及翻译的基本功能。

表 4-3　北京冬奥会人机对话服务场景覆盖情况[1]

服务内容	应用场景	基本功能	主要功能
公寓入住	奥运村公寓室内	入住协助和导引解说	接待处至公寓路线规范及引导，对房间布置、奥运村布局、设施查询的解说；通过人脸识别进行身份验证；支持冬奥会官方语言语音对话功能等。
移动售货	非竞赛场馆室内	流动人员移动售货	支持语音、图片等多种商品选择方式；可检测缺货状态并自动返回补货点；支持冬奥会官方语言语音对话功能等。
社区配送	奥运村公寓室外	参赛人员物品配送	支持人脸识别、验证码、app 链接等多种取货方式；可通过电话、短信、微信等多种方式发送取货信息；支持冬奥会官方语言语音对话功能等。
点菜送餐	奥运餐厅室内	用餐人员点餐和送餐	具备自主导航、定点巡航等多种模式；具备多机协同操作能力；支持多种语言的语音交互功能等。
客房服务	奥运村客房室内	入住人员客房服务	支持语音交互、UI 界面操作、远程手机控制等多种控制交互方式；具备自主导航、定点巡航等多种模式；支持多种语言的语音交互功能等。
导览服务	竞赛场馆室内	协助参赛运动员入场及翻译	可展示场馆功能区及路线图；可引导参赛运动员达到指定区域；支持人脸识别和身份验证功能；支持奥运会官方语言语音交互功能等。

人机对话是人工智能最为重要的领域，也是未来人与机器和谐共处的基础。目前百度的 UNIT、苹果的 Siri 和亚马逊的 Alexa 等在人机对话方面表现较为出色，北京冬奥会的召开将极大地促进人机对话服务技术和应用，提升人机对话质量。

4.7　北京冬奥会语音识别与合成服务

2019 年 9 月 16 日，北京 2022 年冬奥会和冬残奥会组织委员会宣布科大讯飞正式成为北京 2022 年冬奥会和冬残奥会官方自动语音转换与翻译独家供应商。科大讯飞将为北京冬奥会和冬残奥会提供语音识别、语音合成和机器翻译等服务，协助赛场内外人与人、人与机器之间进行无障碍语言沟通。

① 资料来源：北京冬奥服务型机器人创新产品测评比选大赛。

图 4-7　北京冬奥组委授权科大讯飞官方自动语音转换与翻译独家供应商[1]

调查显示，讯飞语音识别与合成技术能满足实时语音转写、多语种互译、中英文混合识别、声纹角色分离、实时上屏显示、语气词过滤、关键词优化、禁忌词屏蔽、重点内容标记、历史音频转写、智能语义分段、音字对照回听、离线扫描二维码、会议记录智能摘要、会议信息管理、用户管理分析等需求。

表 4-4　讯飞翻译机 3.0 特点[2]

特点	内容
多语言互译、跨语言沟通无障碍	覆盖近 200 个国家（地区）的语言即时互译：中文、德语、越南语、荷兰语、英语、俄语、希腊语、瑞典语、日语、泰语、马来语、土耳其语、匈牙利语、韩语、法语、意大利语、阿姆哈拉语、西班牙语、葡萄牙语等
离线翻译	原创自进化离线翻译引擎，没有网络或网络信号差照样能快速准确翻译；中英离线翻译效果达到大学六级水平；目前支持中韩、中日、中英、中俄、中西、中法离线翻译，更多离线语种将陆续增加；离线引擎，持续学习，自动更新
方言翻译	汉语方言：粤语、东北话、河南话、四川话、山东话以及有口音的普通话；民族语言翻译：维吾尔族语—汉语；藏语—汉语
行业 AI 翻译、专业词汇准确译	医疗行业翻译官、法律行业翻译官、金融行业翻译官、能源行业翻译官、计算机行业翻译官、外贸行业翻译官、体育行业翻译官、电力行业翻译官
拍照翻译	图像文字识别（OCR）技术业界领先：高清视网膜屏幕，图文专业调校摄像头，拍照翻译更清晰更准确；目前支持中文与英、日、韩、法、西、德、俄、意、葡、泰、阿拉伯语、越南语、印尼语的在线拍照互译

① 数据来源：根据网络公开信息整理。

② 数据来源：科大讯飞官方网站。

续表

特点	内容
全球上网、多种方式全球联网	支持翻译机内直接购买 120 个国家与地区的上网流量卡；5 种上网方式灵活切换，翻译机流量可一键共享热点，秒变随身 WIFI
其他	口语学习、翻译结果同步、SOS 紧急联络等

讯飞翻译机 3.0 支持中英、中日、中韩、中俄离线翻译，支持中文与英、日、韩、法、西、德、俄、意、葡、泰、阿拉伯语的在线拍照互译功能；讯飞转写机可以为会议等场景提供高效的语音转写服务，实时生成双语或多语字幕；此外，“体育行业翻译官”等行业翻译产品可以提供针对专业领域的中英在线互译服务。

第 5 章

北京冬奥会语言翻译和培训服务分析

5.1 语言服务专家团队选拔

调查显示，北京冬奥组委为本次赛事组织了庞大的专家团队，包括引进 20 位外国专家，抓紧培训 3 400 名竞赛组织和赛道作业专业人才，建立 3 000 余名国内技术官员和赛道作业人员储备。在语言服务专家团队准备工作方面，北京 2022 年冬奥会和冬残奥会组委会组织了国内外语言服务行业内的专家和教授团队，开发北京冬奥术语库与查询平台系统，语言专家团队分为三个小组：冬奥术语库项目专家组、冬奥机器翻译项目专家组和知识图谱系统专家组（见表 5-1）[①]，以便更好地为冬奥会和冬残奥会提供语言服务。

表 5-1　北京冬奥会术语库项目专家组名单[②]

姓名	工作单位及职务
刘和平	北京语言大学高级翻译学院翻译教授
Daniel Glon	洛杉矶 2024 申奥委员会语言专家，资深口笔译专家
冯志伟	教育部语言文字应用研究所研究员，资深术语专家
贾峰	国家体育总局副译审，资深法语专家
Manfred Heine	莱比锡大学教授，资深德语体育口译员
Andrey Moiseev	俄罗斯 2018 年足球世界杯组委会国际部负责人
Andrew Migita-Meehan	资深日语体育口译员
Yuko Hughes	资深日语体育口译员
Charles Zandaza	资深西班牙语体育口译员
Jeff Ruffolo	资深奥运专家
Agn è s Belotel-Grenié	北京语言大学高级翻译学院法语外教
卢宁	北京语言大学高级翻译学院教师，英语博士
梁爽	北京语言大学高级翻译学院笔译系主任，法语副教授
田慧	北京体育大学国际体育组织学院院长
刘洋	清华大学副教授，计算机博士
张家俊	中国科学院自动化所副研究员
王硕	清华大学计算机学院博士生
孙乐	中国科学院软件研究所研究员
韩先培	研究员

① 数据来源：根据北京 2022 年冬奥会和冬残奥会组织委员会官方网站整理。

② 数据来源：北京语言大学国际语言服务研究院研制。

5.2　翻译服务提供商招投标服务

数据统计显示，2022 年北京冬奥会语言服务招投标项目共计两项，总金额为 2 355 万元人民币，涉及语言服务内容为：（1）北京冬奥会翻译服务；（2）北京冬奥组委对外联络部语言服务相关货物/通用设备/广播、电视、电影设备/组合音像设备/同声现场翻译设备及附属设备。英孚教育集团、科大讯飞公司、中译语通公司三家语言服务提供商联合中标。

表 5-2　2022 年北京冬奥会语言服务招标情况[①]

序号	统计项	统计值
1	招标公告发布数量	2 项
2	招标金额	2 355 万元
3	中标企业	英孚教育集团 科大讯飞 中译语通科技股份有限公司

表 5-3　2022 年北京冬奥会语言服务提供商采购项目招标[②]

公告信息：			
采购项目名称	北京冬奥组委对外联络部语言服务商采购项目		
品目	服务/商务服务/翻译服务		
采购单位	北京 2022 年冬奥会和冬残奥会组织委员会		
行政区域	市辖区	公告时间	2019 年 1 月 11 日　14：57
获取招标文件时间	2019 年 1 月 11 日　14：54　至　2019 年 1 月 18 日　17：00		
招标文件售价	￥200		
获取招标文件的地点	北京市东城区朝阳门北小街 71 号北京国际招标有限公司 215 室		
开标时间	2019 年 2 月 1 日　09：30		
开标地点	北京市东城区朝阳门北小街 71 号北京国际招标有限公司 305 室		
预算金额	￥450.000 000 万元（人民币）		
联系人及联系方式：			
项目联系人	唐 × ×		
项目联系电话	010-6400 × × × ×		

① 资料来源：中国政府采购网。

② 资料来源：中国政府采购网。

续表

采购单位	北京 2022 年冬奥会和冬残奥会组织委员会
采购单位地址	北京市石景山区石景山路 68 号
采购单位联系方式	唐×× 010-6400××××
代理机构名称	北京国际招标有限公司
代理机构地址	北京市东城区朝阳门北小街 71 号
代理机构联系方式	唐×× 010-6400××××

表 5-4 2022 年北京冬奥会语言服务提供商入围项目中标情况[1]

公告信息			
采购项目名称	北京冬奥组委语言翻译服务商入围项目		
品目	服务/商务服务/翻译服务		
采购单位	北京 2022 年冬奥会和冬残奥会组织委员会		
行政区域	北京市	公告时间	2017 年 1 月 17 日 11：33
本项目招标公告日期	2016 年 12 月 2 日	中标日期	2017 年 1 月 13 日
评审专家名单	刘洁、梅建军、司显柱（自行选定）、朱安博（自行选定）、刘丹（自行选定）		
总中标金额	¥0 万元（人民币）		
联系人及联系方式：			
项目联系人	陈×云		
项目联系电话	82575731-×××		
采购单位	北京 2022 年冬奥会和冬残奥会组织委员会		
采购单位地址	北京市石景山区石景山路 68 号		
采购单位联系方式	李× 6668××××		
代理机构名称	北京科技园拍卖招标有限公司		
代理机构地址	82575731-×××		
代理机构联系方式	陈×云		

中标供应商为中译语通科技股份有限公司，该公司曾经为 2008 年北京奥运会、2010 年上海世博会、2010 年广州亚运会、2011 年深圳大运会、2012 年伦敦书展中国主宾国活动、2014 年

① 资料来源：中国政府采购网。

青岛世园会、2014 年南京青奥会等重大国际活动提供语言服务。此次中标，中译语通科技股份有限公司将为北京 2022 年冬奥会和冬残奥会提供笔译、口译及同传设备等相关服务，服务期为两年。

表 5-5　2022 年北京冬奥组委对外联络部语言服务提供商采购项目公开招标情况[①]

公告信息：			
采购项目名称	北京冬奥组委对外联络部语言服务商采购项目		
品目	服务/商务服务/翻译服务		
采购单位	北京 2022 年冬奥会和冬残奥会组织委员会		
行政区域	市辖区	公告时间	2019 年 1 月 11 日　14：57
获取招标文件时间	2019 年 1 月 11 日　14：54　至　2019 年 1 月 18 日　17：00		
招标文件售价	￥200		
获取招标文件的地点	北京市东城区朝阳门北小街 71 号北京国际招标有限公司 215 室		
开标时间	2019 年 2 月 1 日　09：30		
开标地点	北京市东城区朝阳门北小街 71 号北京国际招标有限公司 305 室		
预算金额	￥450.000 000 万元（人民币）		
联系人及联系方式：			
项目联系人	唐 × ×		
项目联系电话	010-6400 × × × ×		
采购单位	北京 2022 年冬奥会和冬残奥会组织委员会		
采购单位地址	北京市石景山区石景山路 68 号		
采购单位联系方式	唐 × ×　010-6400 × × × ×		
代理机构名称	北京国际招标有限公司		
代理机构地址	北京市东城区朝阳门北小街 71 号		
代理机构联系方式	唐 × ×　010-6400 × × × ×		

① 资料来源：中国政府采购网。

表 5-6 2022 年北京冬奥组委对外联络部语言服务商采购项目中标情况[①]

采购项目名称	北京冬奥组委对外联络部语言服务商采购项目		
品目	服务/商务服务/翻译服务， 货物/通用设备/广播、电视、电影设备/组合音像设备/同声现场翻译设备及附属设备		
采购单位	北京 2022 年冬奥会和冬残奥会组织委员会		
行政区域	市辖区	公告时间	2019 年 2 月 13 日 09：43
本项目招标公告日期	2019 年 1 月 11 日	中标日期	2019 年 2 月 13 日
评审专家名单	苗澍、李艳、崔启亮、王文华、梅建军		
总中标金额	¥0 万元（人民币）		
联系人及联系方式：			
项目联系人	唐 × ×		
项目联系电话	010-6400 × × × ×		
采购单位	北京 2022 年冬奥会和冬残奥会组织委员会		
采购单位地址	北京市石景山区石景山路 68 号		
采购单位联系方式	唐 × × 010-6400 × × × ×		
代理机构名称	北京国际招标有限公司		
代理机构地址	北京市东城区朝阳门北小街 71 号		
代理机构联系方式	唐 × × 010-6400 × × × ×		

5.3 冬奥会岗位招聘与志愿者服务

5.3.1 冬奥组委校园招聘

根据北京 2022 年冬奥会和冬残奥会组织委员会于 2019 年 12 月 17 日发布的《北京冬奥组委启动 2020 年校园招聘工作》相关资料显示，2020 年北京冬奥会校园招聘岗位为 46 个，招聘人员为 61 人；从招聘岗位设置来看，2020 年北京冬奥会校园招聘岗位主要涉及对外联络、运动会服务、媒体运行等业务领域；此次校园招聘对被招人员的要求较高，应聘者必须具备研究生及

① 资料来源：中国政府采购网。

以上学历，且必须能熟练掌握第二外语语种。此外，校园招聘还为应聘者安排笔试和面试两个环节，以便能为 2022 年的冬奥会提供更为专业的语言服务。

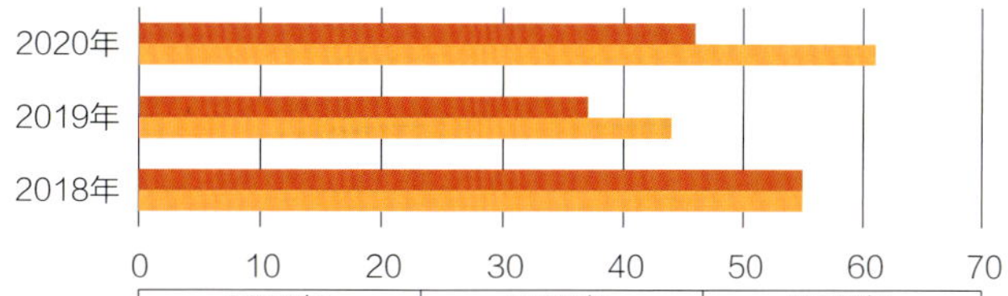

	2018年	2019年	2020年
招聘岗位数（个）	55	37	46
招聘人数（位）	55	44	61

图 5-1　2018—2020 年北京冬奥会校园招聘岗位[①]

5.3.2　冬奥会语言服务志愿者培训

调查显示，北京冬奥组委已启动前期志愿者招募培养工作，并将与 28 所高校合作招收培养 1 000 名赛时实习生。北京冬奥组委对教育培训工作高度重视，已经建立了通用培训、专业培训、场馆和岗位培训体系，并依托国际奥委会奥运会知识管理的优质学习资源，加快培养专业化、国际化的筹办人员队伍：2016/2017 赛季、2017/2018 赛季，北京冬奥组委派出 470 人次业务骨干赴境外参与实战培训；2018/2019 赛季，205 人次参训，其中，境外实战培训共 9 个项目，共 129 人次参训；国内实战培训共 6 个项目，共 76 人次参训。2019 年，冬奥组委实施 99 个专业培训项目，包括对授薪人员、志愿者和国内技术官员等筹办人员的培训。

5.4　语言服务志愿者选拔与培训

2022 年北京冬奥会计划招募 2.7 万名冬奥会赛会志愿者，1.2 万名冬残奥会赛会志愿者。赛会志愿者将分布于北京、延庆、张家口三个赛区，参与国际联络、竞赛组织、场馆运行等 12 类志愿服务。

5.4.1　语言服务志愿者选拔条件

根据北京 2022 年冬奥会和冬残奥会组织委员会发布的志愿者招募条件，参与评选的志愿者必须满足以下五个方面内的条件才有资格申请成为北京冬奥会和冬残奥会的志愿者：（1）遵守中

① 数据来源：北京语言大学国际语言服务研究院研制。

国法律法规；（2）截止到 2022 年 1 月，年满 18 周岁；（3）具备志愿服务所需要的基本知识与技能；（4）能使用汉语或英语进行交流；（5）能提供跨赛时志愿服务。

从志愿者招募方式来看，可分为个人志愿者和团体志愿者报名两种方式，志愿者的报名时间为北京时间 2019 年 12 月 5 日至 2021 年 6 月 30 日 24：00。所有申请人均应登录赛会志愿者全球招募网络系统提交申请。经过资格审核、测试选拔、岗位预分配等选拔录用程序后，赛会志愿者录用工作将于 2021 年 9 月 30 日前全部完成。截至 2020 年 1 月，志愿者报名人数已突破 63 万，其中青年学生人数高达 52 万人，占总报名人数的 80%以上。

据张家口市新闻传媒集团报道，2020 年 5 月初，500 余名“迎冬奥”城市志愿者接受线上英语培训，标志着 2020 年张家口市“迎冬奥”城市志愿者培养工作正式启动。

5.4.2 语言服务志愿者招募情况

冬奥会外语类专业学生年招募 800 多人，2019 年，招募专业学生志愿者 1 050 人，其中河北张家口招募约为 300 人，北京招募 750 人。根据张家口市冬奥会办公室发布的信息显示：2019 年张家口市学生“迎冬奥”城市志愿者的募集对象为张家口市大中专院校 2019 级本专科、“3+2”“3+4”学制新生，招募方式为定向招募，不接受非 2019 级学生群体和社会人士报名。

根据北京冬奥会和冬残奥会组织委员会发布的相关数据显示，从 2019 年 12 月 5 日发布冬奥会和冬残奥会赛会志愿者全球招募公告，到 2020 年 1 月 5 日，一个月的时间内，北京冬奥会和冬残奥会收到来自全球各地 63 万人的志愿者申请，其中学生是主力军，达到了 52 万人，占报名人数的 80%以上。

2021 年北京冬奥志愿者招募截至系统关闭，全球网络志愿者招募系统中共有 1 445 名学生报名，经 5 批次线上、线下面试，从北京语言大学拟录取 291 名专业志愿者，承担国家速滑馆、国家体育馆、张家口冬奥村的相关工作。

5.4.3 语言服务志愿者培训重点

外语类学生志愿者培训课程种类丰富，内容包括冬奥及冬残奥会期间志愿者服务礼仪及注意事项、志愿者心理及身体健康管理培训、应急救护理论、大型活动的突发事件应对和安全防范意识、防疫手册知识讲解、跨文化交际规范与外事纪律、冬奥会英语通用和专用词汇讲解、国际形势与国际关系等。培训还涉及大型活动突发事件及安全风险防范应对演练、冬奥会疫情防控术语及场景模拟等多项实操课程。

表 5-7　北京冬奥会多语种服务培训①

培训时间	培训主题	培训对象	培训内容
2019 年 4 月 27 日	多语种普及培训，促进窗口服务提升（第一课：日语）	北京冬奥会志愿者、咨询员、爱心扶助员	涵盖日本地理、文化、风俗、着装、礼仪、历史以及日语来源、构成、语系等多方面基础内容
2019 年 5 月 11 日	多语种普及培训，备战冬奥倒计时（第二课：西班牙语）	北京冬奥会咨询员、爱心扶助员、骨干志愿者	西班牙风俗习惯和日常交际禁忌等
2019 年 5 月 25 日	多语种普及培训，服务世园筹备暑运（第三课：法语）	北京冬奥会咨询员、爱心扶助员、骨干志愿者	法语日常服务用语的发音和用法，法国政治、地理、文化、社交特点等
2019 年 6 月 29 日	多语种普及培训，打好暑运前战（第四课：韩语）	北京冬奥会咨询员、爱心扶助员、骨干志愿者	韩语日常服务用语和韩国通俗文化知识

5.5　冬奥会外语培训机构及基地

5.5.1　社会培训机构

英孚教育集团是本次北京冬奥会的语言培训服务提供商，该公司是全球知名的英语教育机构，主要致力于英语培训、留学旅游以及英语文化交流等领域。自 1988 年首次为韩国汉城奥运会提供语言服务以来，英孚教育集团已经成为全球顶级赛事的语言服务供应商，分别为 2008 年北京奥运会、2014 年索契冬奥会、2016 年里约热内卢奥运会、残奥会提供了语言服务。2019 年，英孚教育集团再次成为北京 2022 年冬奥会和冬残奥会官方语言培训服务独家供应商，除了提供通用英语培训外，也提供定制化的服务。

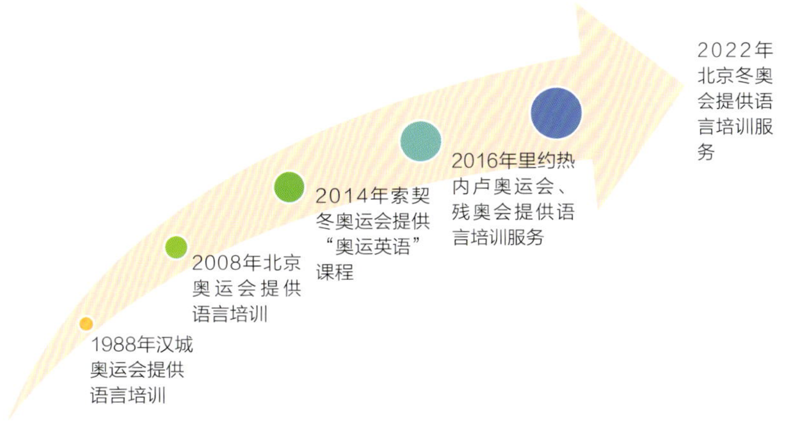

图 5-2　英孚教育集团提供奥运会语言培训服务回顾

① 数据来源：北京语言大学国际语言服务研究院研制。

5.5.2 院校培训基地

2018 年 11 月，北京冬奥组委首批授牌的培训基地共 11 家单位，包括北京大学、清华大学、北京外国语大学、北京体育大学、北京服装学院、首都医科大学、首都体育学院、北京第二外国语学院、哈尔滨体育学院、张家口学院、北京市延庆区体育局。这些单位均已经与北京冬奥组委合作开展了一系列人才培养项目，为北京冬奥会筹办工作提供了有力支撑。首批培训基地以北京为主，拥有 9 个培训基地，黑龙江 1 家，张家口 1 家。

表 5-8 北京冬奥会服务培训基地名单[①]

批次	名　称
第一批	北京大学、清华大学、北京外国语大学、北京体育大学、北京服装学院、首都医科大学、首都体育学院、北京第二外国语学院、哈尔滨体育学院、张家口学院、北京市延庆区体育局
第二批	北京邮电大学、北京语言大学、中国传媒大学、中央美术学院、北京工业大学、北京物资学院、北京体育职业学院、河北体育学院、黑龙江大学、北京市工会干部学院（北京市总工会职工大学）、北京市劲松职业高中、吉林市北大湖体育旅游经济开发区管理委员会（北大湖滑雪场）、张家口崇礼高原训练基地（长城岭滑雪场）、中国残疾人体育运动管理中心

2020 年 4 月，北京冬奥组委下发通知，建设第二批北京冬奥会和冬残奥会培训基地。第二批北京冬奥会和冬残奥会培训基地包括北京邮电大学、北京语言大学等 14 家单位，包括：

（1）河北体育学院

河北体育学院成立冰雪运动系以来，不断加强校外实践教学基地建设，为开展实践教学提供了良好保障。

（2）黑龙江大学

黑龙江大学成立了“黑龙江大学冰雪体育产业研究中心”，并与黑龙江省体育局联合成立了“黑龙江省冬季运动项目翻译中心”和“黑龙江大学体育志愿者培训中心”。

（3）北京第二外国语学院

2017 年，北京国际志愿服务基地落户北二外，北二外持续服务“奥运城市杯”冰球邀请赛、亚洲花样滑冰邀请赛等大型冬季运动项目，拥有助力冬奥会和冬残奥会的专业化国际志愿团队。

（4）北京体育大学

北京体育大学在冬奥人才培养培训、科技助奥、智库建设、理论政策研究、志愿服务等方面改革创新，全面参与北京冬奥会参赛备战服务工作。学校将以培训基地为依托，深耕冰雪项目，

① 数据来源：根据网络公开信息整理。

培养冬奥人才。

（5）哈尔滨体育学院

哈尔滨体育学院编制完成了《雪务保障专题研究报告》《冬奥会“窗口期”气象数据分析报告》和《2022 年冬奥会赛事组织人才需求分析》等材料，多次为北京冬奥组委相关机构和志愿者进行冰雪知识培训，输送冰雪体育专业人才。

（6）北京语言大学

北京语言大学贯彻落实《北京 2022 年冬奥会和冬残奥会组织委员会实习生通用政策规定（暂行）》与“北京冬奥组委赛时实习生招收计划”。2021 年 10 月 31 日，北京冬奥志愿者培训班在北京语言大学开办。本次培训班为期 3 周，以大班和小班形式开展，培训过程中将模拟冬奥期间志愿者们可能面临的各种情景，使志愿者们身临其境，提前做好准备。北京冬奥志愿者通用技能培训旨在帮助志愿者们理解冬奥精神、发挥语言优势、熟悉志愿工作，以期在赛会期间能够更好地服务冬奥赛事，彰显华夏青年蓬勃风姿和良好面貌。

第 6 章

北京冬奥会语言服务环境建设分析

6.1 冬奥会语言文字规范服务

6.1.1 冬奥会语言文字规范服务现状

北京冬奥会发布了“冬奥术语平台”V3 版，平台汇集规范了大量冬奥专业词语的标准表达，在筹办过程中为办赛、参赛、观赛等客户群提供准确、及时的查询服务，为语言文字规范服务提供了有力支撑。

除了发布冬奥规范术语平台，北京市还出台了《北京市公共场所外语标识管理规定》《公共场所双语标识英文译法》《北京市公共场所外语标识管理规定》等相关法律法规，用以规范北京市公共场所用语标识。未来北京市将推动《北京市国际语言环境建设促进条例》的颁布和实施，进一步巩固文字规范工作成果。

我们以“北京冬奥会+语言规范/文字规范/语言文字规范”为关键词，抓取全国各省市发布的语言文字规范服务的法律法规和新闻数据，得到图 6-1。数据显示，“文化”“资源”“国家语委”“普通话”和“建设”等词汇出现频次较高，表明国家语委对于北京冬奥会的语言文字规范建设十分重视，发布了《中国语言生活状况报告 2021》，我国的相关法律法规和新闻报道重点关注的话题包括“汉字规范”“普通话普及”“外语”“少数民族语言”“中文国际教育”“语言政策”等，此外，北京、延庆、粤港澳大湾区等地成为关注热点。

图 6-1 北京冬奥会语言文字规范服务现状[①]

① 数据来源：北京语言大学国际语言服务研究院研制。

6.1.2　冬奥会举办区域路牌、标牌双语规范状况调查

为迎接 2008 年北京奥运会，北京市于 2006 年先后出台了《道路交通双语标识英文译法标准》和《公共场所双语标识英文译法第一部：道路交通》两份文件，对北京市道路名称的翻译标准进行了规范；同时北京还斥资 3 000 万元对三环内所有译文不统一、不规范的道路交通双语标识进行了整改。此外，北京市旅游局和商务局也出台了相关文件，对商业场所的翻译标准进行了规范。根据北京市电视台的报道，截至 2008 年 5 月底，北京比赛区及参赛运动员居住区的相关路牌和标牌均实现了汉英双语标示，为第 29 届北京奥运会的举办做足了准备。

2022 年的北京冬奥会对北京市及其他参赛区域路牌及标牌的双语标识提出了新的挑战。为应对挑战，北京 2022 年冬奥会和冬残奥会组织委员会从 2017 年便开始着手相关的整改。根据北京市公安局公安交通管理局发布的相关信息显示，截至 2019 年年底，北京的道路标牌的汉英双语覆盖率已达 92%；但也有网友质疑，北京市下辖的延庆区、密云区等区域的道路双语标牌覆盖率相对不足。

2008 年，北京举办奥运会，对全市路牌、标牌进行了整改，全市累计新设和更换英语标识牌 83 万块。随着相关政策的颁布和实施，预计 2022 年冬奥会举行时，北京市的外语标识覆盖率将会达到 95%。

根据张家口市政府 2007 年出台的《张家口市改革开放 60 条》第十三条的规定，“干线、公路的路标、市区主要街道的路牌，涉外机关、大中型宾馆、饭店、商场、繁华区的公共厕所、对外开放的文化娱乐场所、旅游景地的标志牌及导购导游图均使用中、英文两种文字对照标。”这促进了张家口市道路标牌的双语化进程。2015 年携手北京成为 2022 年冬奥会和冬残奥会举办城市更是使张家口市成了“奥运名城”，为配合冬奥会和冬残奥会的举行，张家口市在外语语言环境建设和改善方面投入了大量的人力、物力和财力。根据 2019 年 8 月 26 日召开的张家口市筹办冬奥会工作领导小组会议消息显示，截至 2019 年 8 月，张家口市主干道道路和旅游景区导游区中英双语路牌覆盖率已达 85%左右。

《基于冬奥会的张家口市外语语言环境建设现状调查与分析》(李茜等，2019)调研数据显示，截至 2019 年 4 月底，张家口市主干道道路和旅游景区导游区中英双语路牌覆盖率仅在 40%左右，且存在翻译不规范和直接按软件直译的现象。

由于张家口市之前客流量小，游客以国内居民为主，外宾不多，因此公共场所的标识语翻译多以中文为主，特别是崇礼区很多公共场所并未标注英语标识语，为冬奥会的举办带来了很大的不确定因素。张家口市更换路牌、标牌的工作量大，好在可以借鉴我国其他省市的相关双语路牌、标牌，加速语言文字的规范化，保证冬奥会的顺利进行。

6.2 冬奥会场馆语言环境服务

目前北京、张家口等冬奥会场馆建设已经全部竣工新建场馆全部设置了中英双语指示导向，不管是场馆内还是主要路口，都在显眼处设置标识，方便来自全球的运动员团队。

图 6-2　北京冬奥会场馆语言环境服务示例[①]

6.3 冬奥会体育术语库服务

根据北京 2022 年冬奥会和冬残奥会组织委员会发布的信息显示，2022 年冬季奥运会和冬残奥会在比赛项目设置方面增加了 7 个，这要求冬奥会体育术语库也应增加相应项目使用的术语及语言规范上千条；在参赛国家（地区）方面，预计 2022 年北京冬奥会和冬残运会参赛国家（地区）相较 2018 年韩国平昌冬奥会 92 个参赛国家（地区）将增加 5～7 个，冬奥体育术语库已增加相应的西班牙语、意大利语和德语等语种。

① 数据来源：根据公开数据抓取和整理。

我们以“北京冬奥会+术语库/多语种术语库/双语术语库”为关键词进行搜索，抓取全国范围内冬奥会术语库建设进展数据，得到图 6-3。

图 6-3　北京冬奥会体育术语库建设分析[①]

大数据显示，除与关键词相近的词语外，我国全国范围内冬奥会术语库建设进展数据凸显了“平台”“服务”“知识”“资源”“语种”“智能”“翻译”“语料库”等，表明冬奥会术语库建设主要是搭建术语库、知识查询平台、术语资源、翻译语料库等，突出智能化特色和多语种特色，目的是更好地服务来自世界各地的运动员、教练员、裁判员和观众等，为北京冬奥会提供更为便捷高效的多语种、智能化语言服务。

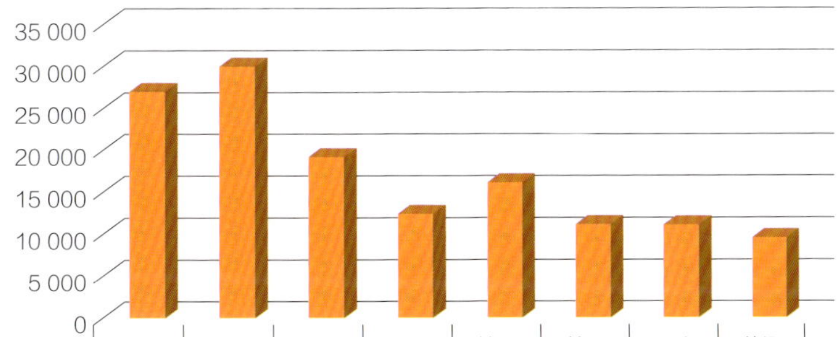

	中文	英语	法语	日语	俄语	韩语	西班牙语	德语
术语量	27 022	30 015	19 166	12 388	16 111	11 135	11 030	9 539

图 6-4　北京冬奥会体育术语库各语种术语量[①]

① 数据来源：北京语言大学国际语言服务研究院研制。

数据分析显示，我国的冬奥会体育数据库建设进展较快，以北京冬奥会体育术语库为例，目前，在建和已建成的体育术语库超过 8 个语种，术语库容量超过 13 万条，是目前为止世界上语种最多和术语最全的冰雪运动术语。《冬奥会体育项目名词》涉及北京冬奥会和冬残奥会全部竞赛项目，覆盖中、英、法、日、韩、俄、德、西班牙 8 个语种，旨在为北京冬奥会的口笔译人员、志愿者、运动员、裁判员、新闻媒体工作人员提供参考和培训资料。该手册采用融合出版的形式，纸质内容与冬奥术语平台融合联动。该书由北京语言大学编制，北京冬奥组委和全国科技名词审定委员会支持和指导，商务印书馆出版。

图 6-5 《冬奥会体育项目名词》发布仪式②

6.4 冬奥会市民大讲堂服务

6.4.1 京津冀冬奥大讲堂开展现状分析

2022 年北京冬季奥运会将在北京市和河北省张家口市联合举行，数据统计显示，作为主办城市，北京市近两年来，举行了超过 3 000 场冬奥会大讲堂，年平均 1 500 场左右。张家口市作为另一个冬奥会主办城市，年冬奥会大讲堂数量约为 500 场。除了北京市和张家口市，天津市与这

① 数据来源：北京语言大学国际语言服务研究院研制。
② 数据来源：根据公开数据抓取和整理。

两个城市距离最近，必定会吸引来自世界各地的参赛者和国内旅游者。因此，天津市也举办了冬奥会大讲堂，年均 200 场左右，对冬奥会的举办起到了一定的促进作用。

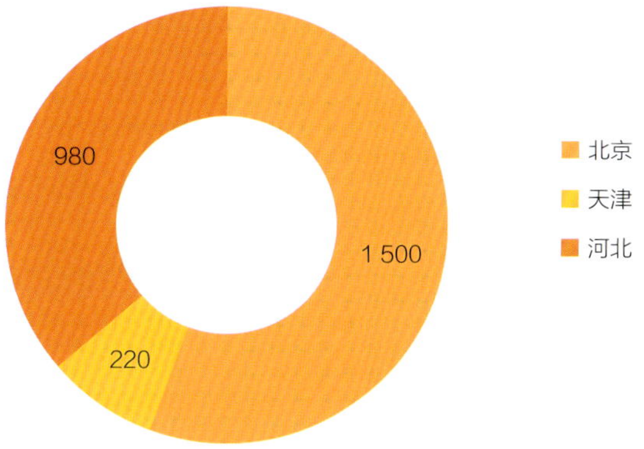

图 6-6　京津冀冬奥大讲堂数量（场）分布[1]

6.4.2　北京各区冬奥大讲堂开展分析

北京市共辖 16 个市辖区，分别是东城区、西城区、朝阳区、丰台区、石景山区、海淀区、顺义区、通州区、大兴区、房山区、门头沟区、昌平区、平谷区、密云区、怀柔区、延庆区。

按照全社区覆盖需求，北京市 2019 年冬奥会大讲堂举办次数约为 1 500 次左右。其中朝阳区、海淀区最多，都为 300 场左右，其次是丰台区与昌平区、大兴区，上述区域举办次数超过 100 场，其他区域举办次数小于 100 场。

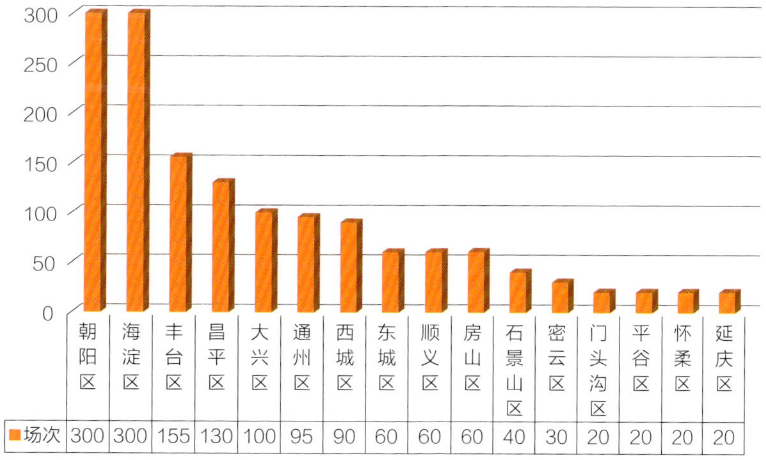

图 6-7　北京各区冬奥大讲堂举办数量（场）[2]

①② 数据来源：北京语言大学国际语言服务研究院研制。

6.5 冬奥会普及读本编写服务

6.5.1 全国冬奥会普及读物服务现状分析

我国涉及冬奥会读物的出版社有数十个，重点出版社有 15 个，如化学工业出版社、中国画报出版社、北京大学出版社、中国人民大学出版社、旅游教育出版社、经济科学出版社、北京联合出版公司、上海人民美术出版社、北京日报出版社、科学出版社、北京大学医学出版社有限公司、北京体育大学出版社、社会科学文献出版社、中国大百科全书出版社、花城出版社等，相关书籍有数十套，较为知名的作品有《冬奥会推动北京建设世界体育城市研究》《冬奥会与冰雪运动》《冰刃之上》《冰雪奥林匹克之城》等。

表 6-1 冬奥会普及读物出版情况[①]

出版物名称	主编	出版单位	出版时间
《汉语世界 · 冬奥特刊》	储丹丹、贺宏志	商务印书馆	2008 年 1 月
《2022 年冬奥会知识读本》	张家口市申办冬奥会工作委员会	北京体育大学出版社	2014 年 7 月
《冬奥梦 冰雪情——冬季运动知识读本》	杨澜、宋宇	中国文联出版社	2016 年 7 月
《北京奥林匹克公园体育产业影响力及指数研究（2008—2015）》	易剑东	北京体育大学出版社	2017 年 1 月
《俄罗斯索契冬奥会启示录》	国家体育总局干部培训中心	北京体育大学出版社	2017 年 3 月
《冬奥会与冰雪运动》	张九江	北京日报出版社	2017 年 4 月
《冰雪追梦：话说世界冬奥会》	刘兴忠	北京联合出版公司	2017 年 4 月
《冬奥会：体育 · 语言 · 文化》	贺宏志、胡景旺	光明日报出版社	2017 年 12 月
《冬奥会历史研究与北京冬奥会研究展望》	冯国有	经济科学出版社	2017 年 12 月
《北京冬奥组委工作人员简明读本》	易剑东	北京体育大学出版社	2018 年 5 月
《冬奥会项目及观赛指南》	李树旺、张磊	中国人民大学出版社	2018 年 10 月

《冬奥梦 冰雪情——冬季运动知识读本》出版于 2016 年 7 月，由著名媒体人杨澜、冰雪运动爱好者宋宇主编，中国文联出版社出版。全书由“百年冬奥之路”“开启冬奥之门”“飞扬冬奥之梦”上、中、下三篇及附录组成，详细介绍了冬奥会发展历程及项目设置，讲述了中国参加、

① 数据来源：根据公开数据抓取和整理。

申办、举办奥运赛事的发展历史，以及冰雪英雄的故事；深入解读了北京携手张家口申办 2022 年冬奥会的战略考量、愿景规划及其申办过程。

6.5.2　北京冬奥会和冬残奥会英语知识读本

目前市场已经出版的北京冬奥会和冬残奥会英语知识读本有《英语世界 · 冬奥特刊》《张家口冬奥英语实用手册》《冬奥会接待服务英语》《滑雪场英语脱口而出》等。

表 6-2　冬奥会英语知识读本出版情况[①]

出版物名称	主编	出版单位	出版时间
《英语世界 · 冬奥特刊》	邢三洲、贺宏志	商务印书馆	2008 年 1 月
《张家口冬奥英语实用手册》	河北北方学院、河北建筑工程学院、张家口学院	高等教育出版社	2017 年 4 月
《冬奥会接待服务英语》	张玲敏	旅游教育出版社	2018 年 5 月
《北京冬奥组委工作人员简明读本》	易剑东	北京体育大学出版社	2018 年 5 月
《滑雪场英语脱口而出》	《健身活力唤醒》编写组	化学工业出版社	2020 年 2 月
《2022 冬奥会雪上运动医护人员英语教程》	北京大学第三医院、北京大学医学人文学院与河北北方学院	北京大学医学出版社	2020 年 4 月

图 6-8　2022 年北京冬奥会语言培训服务教材[①]

① 数据来源：根据公开数据抓取和整理。

第 7 章
北京冬奥会语言文化展示体验服务分析

7.1 冬奥会场馆文化展示服务

7.1.1 北京冬奥会文化展示现状

自北京成功申办冬奥会以来，北京市通过举办冬奥会文化活动、建设文化展示中心、开办文化体验项目等方式来向居民和参观游览者展示、介绍、传播冬奥会的知识和文化，其中北京冬奥会展示中心是专门建造用以展示冬奥会文化的展馆。

2022 年冬奥会在北京、张家口、延庆三地设置了 25 个比赛场馆，北京作为国内乃至国际知名的政治文化中心，在冬奥会场馆设置方面占据了 12 个场馆。目前，北京各大冰雪场馆均或多或少对冬奥会及冬残奥会进行了不同程度的宣传和展示。

我们以“北京冬奥会+场馆文化活动/场馆文化展示”为关键词，在全网抓取冬奥会场馆文化展示现状和特点的消息和报道，生成图 7-1。

图 7-1　北京冬奥会文化展示大数据分析

大数据词云图显示，除关键词及与关键词相近的词语以外，“培训”“志愿者”“需求”“组织”“成果”“国家语委”等在词云图中较为凸显，“平台”“智能”“标准”“规范”“知识产权”等在数据中出现频率其次。这反映出以下两个特点：（1）冬奥文化展示关注相关文化活动组织、相关行业人员和志愿者的培训、相关成果的展示等。（2）冬奥文化展示充分利用智能化网络平台，制订相关标准，同时保护知识产权，规范实施文化展示项目和活动，起到了宣传冬奥文化、传播冬奥知识的作用，在很大程度上满足了全社会体验奥运文化的需求。

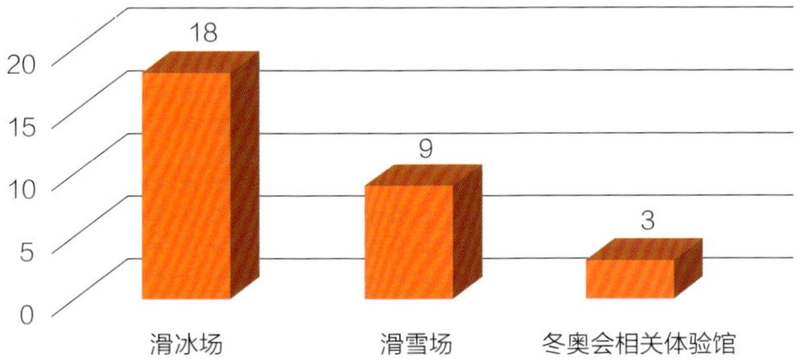

图 7-2　北京冬奥会相关文化展示场所[①]

据统计，北京冬奥会相关文化展示场所共 30 个，其中在滑冰场设置的文化展示场所为 18 个，滑雪场的文化展示场所为 9 个，其他冬奥会相关体验馆 3 个。

7.1.2　北京冬奥会展示中心

北京冬奥会和冬残奥会展示中心，位于北京冬奥组委办公区西南角，共 3 层，设 4 个展厅，总面积 3 300 平方米。展示中心悬挂的各国灯饰文字，代表着各种语言中“冰”“雪”“冬”的含义，包括甲骨文、韩文、俄文等，这也向外界传递了正是因为各国之间在语言文字上存在着差异，才造就了冬奥会的绚丽多彩。

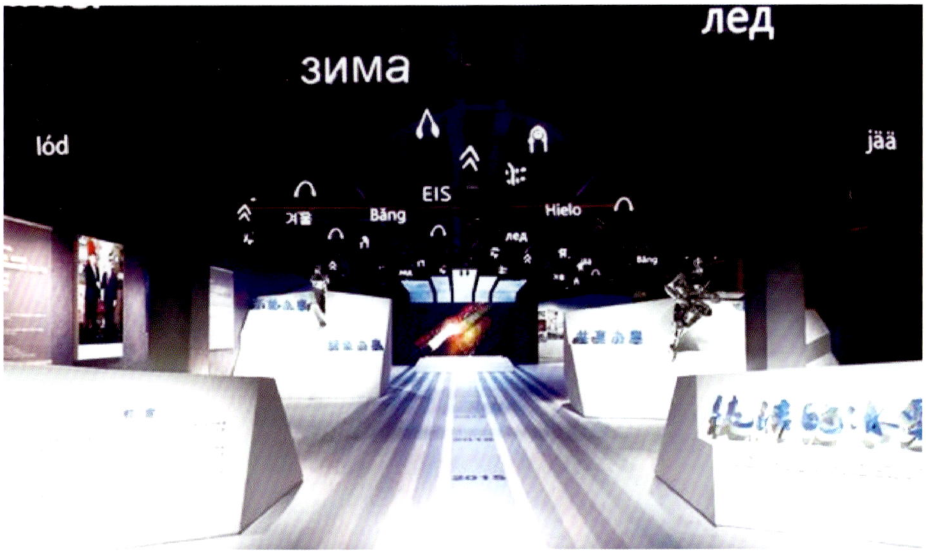

图 7-3　北京冬奥会和冬残奥会展示中心各国文字灯饰

北京冬奥会展示中心特色鲜明，在建筑设计方面具有独特的魅力。从建筑风格看，北京冬奥会和冬残奥会展示中心的一大亮点是按照北京、延庆、张家口三个赛区约 1:9 000 比例的沙盘模

① 数据来源：根据公开数据抓取和整理。

型，配合视频和声光电技术，全方位、立体式展现北京冬奥会的筹办工作。从设计来看，北京冬奥会和冬残奥会展示中心介绍北京冬奥会和冬残奥会筹办工作的整体情况，展示中国悠久冰雪运动历史，介绍京津冀地区在中国近代冰雪运动发展中的特殊地位。

图 7-4　北京冬奥会和冬残奥会展示中心外景图

7.2　冬奥会参赛国家（地区）文化推介服务

7.2.1　奥运文化意义

冬奥会参赛运动员数量的增加，以及参赛国家（地区）、比赛项目数的上升，印证了世界人民对冰雪运动的日益喜爱。体育本身就是全球通用语言。冬奥会为传播举办国形象提供了绝佳的契机。作为一项全球性的体育盛会，冬奥会已经超越了体育本身，是国家形象交流的重要载体，并展现了国家的软实力。

（1）政治："人类命运共同体"

北京冬奥会的举办对传播我国国家形象会起到巨大的作用。举办北京冬奥会，不仅可以利用体育竞赛促进世界各国运动员的交流，还可以让世界各国目光聚焦北京。我国以开放、包容的姿态来迎接全球的体育健儿、国际友人，以更加积极的姿态与全球各国交往，不断扩大我国的"朋友圈"。

（2）经济：互利共赢的新格局

"一带一路"合作是全方位、多层次的。全球体育赛事为"一带一路"倡议带来了新的合作机会。未来，将有越来越多的国家加入“一带一路”倡议。北京冬奥会的举办有利于将中国经济顶层“一带一路”倡议的设计向世界推广，有利于促进世界各国互利共赢，为全球经济作出贡献。举办北京冬奥会，可以抓住机遇，把发展冰雪旅游作为我国新的经济增长点，着力发展和带动国内人民发展经济。

（3）文化：传统的信心与现代文明

中国举办冬奥会，将中国传统文化及主办城市特色与冬奥会运动项目相结合，运用最新科技展现我国五千年的文化历史沉淀，不仅有利于传统文化的传播，而且也有利于展现自己的综合国力、经济实力、科技实力、文化魅力，这对于传播我们的民族形象具有重要意义。

（4）体育：推动体育强国建设

中国在 1978 年正式恢复国际奥委会的合法席位后，于 1983 年提出了“体育权”的战略思想。从那时起，体育就受到党中央和政府的特别关注。进入新时代，党中央把体育工作放在非常重要的位置，在党的十九大报告中明确提出要加快建设体育力量，以北京冬奥会为契机，大力发展我国冰雪运动，实现我国体育强国之梦。

7.2.2　冬奥会参赛国家（地区）文化推介现状

（1）北京 2022 冬奥会向加拿大发出盛情邀约

渥太华“北京周”活动在加拿大首都渥太华举行。北京向加拿大发出邀约。

（2）冬奥主题日活动在渥太华国会山和兰斯顿公园进行

冬奥主题日活动分别在渥太华国会山广场和兰斯顿公园进行。北京向加拿大冰雪运动爱好者发出了邀请。

（3）北京冬奥组委在东京举办宣传推介

北京 2022 冬奥组委在日本东京都秋叶原举行了“北京周”系列活动，介绍了北京冬奥会筹备情况。

（4）2019 国际冬季运动（北京）博览会推介

2019 国际冬季运动（北京）博览会推介在新西兰举行，并进行了广泛的海外推介及项目对接。

表 7-1　北京冬奥会国际推广活动①

序号	时间	活动举办地点	活动主要内容
1	2017 年 10 月 7 日	加拿大渥太华	“北京 2022 欢迎您”冬奥主题日活动
2	2018 年 2 月 24 日	韩国平昌	2022 北京冬奥会主题发布会

① 数据来源：根据公开数据抓取和整理。

续表

序号	时间	活动举办地点	活动主要内容
3	2019 年 6 月 8 日	日本东京	日本东京“北京周”
4	2019 年 10 月 28 日	波黑萨拉热窝	2022 年冬奥会的吉祥物、比赛项目、场馆规划等相关情况
5	2019 年 10 月 28 日	以色列特拉维夫	“冰雪北京”主题展览
6	2019 年 10 月 29 日	匈牙利布达佩斯	“魅力北京”

7.3 冬奥会语言文化体验项目服务

“相约 2022”冰雪文化节联动鸟巢、庆典广场、水立方多方资源，打造总面积超 23 万平米的活动区，通过文化推广、科技互动、冰雪赛事、演艺娱乐等方式，将中国文化、冬季体育和奥林匹克精神相融合，成为向世界展示中国冰雪运动和冰雪文化的平台。

冰雪文化节重点项目“穿越 2022”冬奥互动体验展，借助体验、互动等方式向公众全面展现 2022 年北京冬奥会 7 大类、15 大项的所有运动项目，成为冬奥进入“北京周期”后内容最全面的冰雪运动体验展。展览不仅展示了北京作为“双奥之城”在冬奥运动项目知识普及、冬奥场馆建设及未来规划、冬奥会筹办工作等方面取得的成就，还充分融入了丰富多元的科技元素，通过模拟器、VR 眼镜、视频等形式，让观众无需前往雪场、冰场，即可切身感受冰雪运动的感官刺激，体验冬奥文化的魅力。

冰雪文化节的冰立方“欢乐冰场”占地 5 000 平方米，由国际标准的专业冰球赛场、娱乐冰场和大型冰滑梯以及周边冰场娱乐项目组成，包含青少年上冰体验、大众欢乐嬉冰、冰上训练营暨邀请赛，以及冰球、冰壶、滑冰助手等冰上娱乐项目，用冬奥比赛的技术标准和服务标准满足大众娱乐滑冰和青少年冰球比赛的需求。

第 8 章

北京冬奥会应急语言服务分析

8.1 冬奥会应急语言服务基础设施建设

8.1.1 新冠疫情对我国应急语言服务的警示

2020 年初，我国遭受了新型冠状病毒的袭击，2 月，山东援鄂医疗队编制《援鄂医疗队武汉方言实用手册》在网络“走红”，虽然该手册内容仅仅包含了称谓常用语、生活常用语、医学常用语、温馨常用语 4 个部分，共计 83 个词组和短句，但却为援鄂医疗队在患者诊治过程中带来了极大的方便，应急语言服务体系建立的必要性和迫切性日益突显，也为 2022 年将在北京和张家口举办的冬奥会和冬残奥会应急语言服务体系的建设带来了一定的警示。

应急语言服务指针对重大自然灾害或公共危机事件的预防监测、快速处置和恢复重建提供快速救援语言产品、语言技术或开展语言救援行动，包括中外语言、少数民族语言、方言、残障人手语的急救翻译、救灾语言软件研发、灾情信息传播、抗灾语言资源管理、应急语言标准研制、急救语言培训、语言治疗与康复、语言咨询与危机干预等（王立非，2020）。

8.1.2 冬奥会应急语言服务基础设施建设现状

北京冬奥会作为一项重大的国际赛事，届时大批运动员到来，为赛事举办地区的住宿、交通、餐饮、治安等都带来了一定的挑战。特别是参加冬残奥会的残疾人运动员更需要提供应急语言服务，北京冬奥会应急语言服务体系将接受严峻的考验和挑战。北京 2022 年冬奥会和冬残奥会组织委员会发布的数据显示，冬奥会和冬残奥会运动员受伤的概率为 40%，这将给冬奥会和冬残奥会医疗救治服务团队带来一定的挑战。为了能够第一时间对受伤的运动员进行诊治，冬奥会和冬残奥会组织委员会应建立多语种的医疗诊治常用语，以便能够及时对来自世界各地的受伤的运动员提供医疗服务。

截至目前，北京冬奥组委成功签约了 5 家官方独家供应商，即英孚教育、科大讯飞、中国邮政、华扬联众和士力架。其中，华扬联众公司提供互联网综合营销服务，旗下整合了信息技术营销服务、媒体渠道数据平台、文化传媒 IP 内容三大优势业务板块，是以驱动增长为核心、整合全渠道营销的信息技术服务公司。

为更好地为冬奥会服务，国家卫星气象中心于 2018 年 5 月发布了《冬奥会气象应急服务平台研发及相关软件测试服务竞争性磋商文件》，对外采购北京及周边地区气象应急服务，对北京市及周边地区气象进行实时监测，并在可能发生极端气象时给出预警和相应的解决方案。在应急舆情监测方面，国家地震局已于 2019 年启动了 2022 年冬奥会地震安保监测台点建设，并强化滑坡、矿山塌陷、爆炸等强地面震动事件监测业务能力建设。此外，北京冬奥会运动员训练和比赛过程可以通过实时监测数据预测可能出现的损伤，从而降低运动员受伤概率。在冬奥会应急语言服务方面，目前国内还没有相关应急语言服务平台、应急数据中心或应急呼叫中心建设的相关媒体报道。

此外，北京冬奥会已全面做好了疫情防控的各项准备工作，采取了严格和科学的防控措施，确保参赛运动员和观众的健康。

8.1.3　冬奥会应急语言服务机制建设现状

2016 年教育部发布的《国家语言文字事业“十三五”发展规划》中就提到要制定应对国际事务和突发事件的语言政策，创新语言服务方式和语言人才培养机制，培养和储备关键语种复合型外语人才，建立应急和特定领域专业语言人才的招募储备机制，为大型国际活动和灾害救援等提供语言志愿服务，服务特殊人群语言文字需求。检索冬奥数据库（1981—2020 年）的相关文献 1863 篇显示，涉及语言服务的研究文献仅有 10 篇，均未涉及应急语言服务的研究，由此可见国内对冬奥会应急语言服务研究的缺失。

2019 年 10 月，张家口市应急管理局、市冬奥办联合制定了《张家口市筹办 2022 年冬奥会修订编制各类应急预案工作方案》，决定在 2020 年 6 月份之前全面修订全市各级各类相关应急预案。方案要求，各级相关部门要增强风险意识，结合冬奥会筹办重点工作及新形势、新要求，认真总结全市十年来应急管理工作的经验教训，主动对接北京市相关部门，借鉴北京 2008 年夏季奥运会应急保障经验，整合优化现有应急预案，对潜在风险进行全面辨识、评估，提高应急预案的实用性、针对性和可操作性，确定风险管控和隐患治理的主要责任部门，完善落实好“统一领导、分工负责，依法规范、强化管理，快速反应、协调联动”的工作机制。方案还明确了各项应急预案的牵头部门及完成时限。市级总体应急预案由市应急管理局牵头，于 2020 年 4 月底前完成预案修编工作；各县区于 2020 年 6 月底前做好预案修编工作。各级各类预案要规范统一、相互衔接，形成一个完整体系；把跨区域应急联动作为重点，增加片区内应急管理合作内容，建立健全紧急情况下社会物资、运输工具、设施设备等应急资源的征用机制，提升协同防范应对跨区域突发事件的能力。

8.2 冬奥会应急语言服务专业化队伍建设

8.2.1 冬奥会应急语言服务队伍尚未组建

2008 年北京奥运会期间，奥组委国际联络部和北京外国语大学共同成立北京奥运会多语言服务中心。奥运会举办期间，该中心为奥运竞赛场馆、非竞赛场馆、服务场所等提供“无障碍”的语言服务。在部门设置方面，该中心下设多语言服务总机、多语种应急团队、运营中心、技术保障等业务，其中多语言服务总机通过电话翻译方式为奥运会工作人员和各代表团成员提供 10 个语种 24 小时值守热线；多语种应急团队则作为语言服务后备力量，应对突发专业语言任务。

北京冬奥会应急语言服务团队暂未开始组建。从应急语言服务团队构成来看，2008 年北京第 29 届夏季奥运会应急语言服务团队成员主要由北京外国语大学的教师志愿者构成；虽然目前国内已存在多种形式的语言服务机构，但在重大国际赛事期间，应急语言服务团队仍由高校教师承担，这在一定程度上反映了国内专业应急语言服务的缺失。从应急语言服务团队规模来看，2008 年北京第 29 届夏季奥运会时北京奥运会多语言服务中心随时待命的应急语言服务团队成员有 32 人。目前来看，北京冬奥会应急语言服务将更多的由智能翻译机来执行，与人相比，翻译机器在对话及对应急动作的识别方面相对较差。另外，参与国数量较多、各国之间语言存在较大差异及相关法律机制不健全等因素，也为冬奥会应急语言服务的提供增加了一定的困难。

8.2.2 冬奥会应急语言服务队伍建设的建议

（1）培养应急医学语言服务人才。应急医学语言服务人才是应急语言服务专业化队伍的基础，利用大数据，对我国医学人才进行摸底，建立优质人才档案，对相关人员进行培训，提高整体素养。

（2）制定应急服务规划。制定相关的应急语言服务发展规划，使应急语言服务建设形成常态化，确保遇到重大事件，做到有章可循，有的放矢。

（3）依托国家语委成立国家应急语言服务团，由冬奥组委联合国家语委成立北京冬奥会应急语言服务团，搭建应急语言服务平台，整合冬奥组委和国家语委的翻译资源，系统推进冬奥会应急语言服务体系构建，保障语言应急服务的效率，同时提升冬奥会和冬残奥会语言应急服务的质量。

（4）在组织结构方面，冬奥会和冬残奥会应急语言服务团队可采取混合式的组织架构，既设置有固定的应急语言服务岗位，同时也有由志愿者组成的应急语言服务体系，这样既能保证冬奥会和冬残奥会应急语言服务的日常需求，同时也可兼顾突发或临时性的应急语言服务需求。

8.3　冬奥会应急语言服务标准化建设

目前，我国在国家整体层面有应急管理标准体系，但冬奥会应急语言服务标准体系尚处于编制阶段。因此，我们提出以下两点建议：

（1）完善相关制度。应急语言服务的应用一直存在，但是并未直接体现在相关制度中，《国家突发公共事件总体应急预案》《突发公共卫生事件应急条例》等条例也并未对应急语言服务作出专门的规定，在重大事件发生时，可能会因为语言不通导致情况恶化。根据疫情防控的需求，借冬奥会举办的契机，对相关制度进行完善，增加语言服务相关内容，做到有法可依，有章可循。

（2）建立保障体系。应急语言服务从来不是单独存在的，其中包含了人与人、人与机器、机器与机器之间的联系，把应急语言服务当作重大应急事件中的一环，增加人力、物力投入，以高标准、严要求作为发展基础，积极建立保障体系，以应对重大应急事件发生。

第9章

结论与建议

9.1 结论

本次调研得到以下结论：

1. 北京冬奥会语言服务技术集成与服务调查发现，（1）“两微”语言服务较为关注赛会组织、各项竞技项目比赛的语言服务、为运动员和队员训练提供语言服务以及志愿者的语言服务培训和比赛场馆的语言服务环境；（2）app 语言服务呈现出内容权威专业、展现方式丰富多样的特点，最关注志愿者语言服务，也关注北京冬奥会的国际影响、机场语言服务、赛会组织过程中的语言服务以及语言服务技术等；（3）跨语言术语服务平台呈现出术语语种全、平台功能齐和服务范围大等特点，得到了国际奥委会语言服务顾问的高度认可；（4）网站语言服务新闻对志愿者语言服务培训、机场接待语言服务能力、赛会语言服务环境和语言服务技术水平等问题的关注度最高，权威媒体对冬奥会语言服务能力充满信心；（5）机器翻译服务具备处理速度快和翻译选择多的突出优势；（6）人机对话服务可应用于多个场景，为冬奥会的信息服务提供技术支撑，语音识别与合成服务将大大促进冬奥赛场内外的无障碍语言沟通。

2. 北京冬奥会翻译与语言培训服务调查发现，（1）北京冬奥组委组织了语言服务的权威专家团队，为冬奥会和冬残奥会研发语言服务术语库；（2）语言服务招投标项目由英孚教育集团、科大讯飞公司、中译语通公司三家大型和专业化的语言服务提供商联合中标；（3）冬奥会的校园招聘和志愿者培训进展顺利，英孚教育集团成为北京冬奥会的语言培训服务提供商，25 家高等院校成为冬奥会服务指定培训基地，冬奥会各项语言服务培训正在有序展开。2022 年北京冬奥会计划招募 2.7 万名冬奥会赛会志愿者，1.2 万名冬残奥会赛会志愿者，累计培训外语服务志愿者超过 2 000 人。

3. 北京冬奥会语言环境建设调查发现，北京市冬奥会语言环境建设成效显著，已经出台多项法律法规来规范公共场所的用语标识和双语标识，冬奥会各比赛场馆都设置了明确的双语标识，体育术语库智能化查询平台已经开通服务，京津冀、张家口和北京市各区都举办了丰富多彩的市民大讲堂，超过 1 500 场次，出版了冬奥会普及各类读物和英语知识读本，冬奥会语言服务环境不断改善。

4. 北京冬奥会语言文化展示体验服务调查发现，北京冬奥会建成了相关文化展示场所共 30 个，对冬奥文化和知识的展示和传播起到了很好的作用，很大程度上满足了全社会体验奥运文化的需求；我国已经在国外举办多场冬奥会参赛国家（地区）文化推介活动，各项语言文化体验项目成为向世界展示中国冰雪运动、冰雪文化以及中国形象的平台。

5. 北京冬奥会应急语言服务调查发现，受新冠疫情影响，冬奥会应急语言服务的基础设施建设，如应急语言服务中心和平台建设还有待进一步完善。冬奥会语言服务应急机制和防范突发事件的能力正在逐步加强和完善。由于疫情影响，北京冬奥会应急语言服务团队暂未开始组建，应加快应急语言服务团队建设，以应对突发或临时的语言服务需求。冬奥会应急语言服务标准体系尚未编制完成。

9.2　建议

基于以上发现，我们提出以下建议：

首先，大力加强北京冬奥会国际语言服务基础设施和环境建设，包括语言使用标准、语言服务规范、语言资源库建设。语言服务基础设施和环境建设是顺利和高效开展冬奥会语言服务的保障。同时，加强语言智能技术应用，推进冬奥会多语言服务平台建设，包括体育术语库、机器翻译系统、知识问答系统、汉语智能学习云平台、优质学习资源库、冬奥会参赛国家（地区）官方语言资源，为参赛运动员、裁判员构建良好的语言服务环境。

其次，大力加强北京冬奥会国际语言服务能力建设，这是提升北京冬奥会语言服务质量的关键。语言服务的核心是口笔译服务和语言技术服务。北京冬奥会的语言服务面广量大，需加强对翻译和语言服务志愿者的分级分类培训，对特殊语言服务岗位进行有针对性的培训。此外，要制定应急语言服务预案和快速反应机制。依据 2008 年北京奥运会的成功经验，冬奥组委应对语言服务突发状况要有充分预判和准备，以确保北京冬奥会语言服务全覆盖和无死角。

再次，大力加强中文对外传播能力建设，开展喜闻乐见和形式多样的中国语言文化宣传和传播，加强冬奥会相关的图书出版，加强外语网站和新媒体的北京冬奥文化对外传播。海外孔子学院可配合北京冬奥会，开展中国传统文化和体育文化的宣传。提高北京冬奥会语言服务志愿者和工作人员的中外语言文化宣传水平，对参赛运动员、教练员和体育爱好者与游客开展汉语文化普及教学，加强人文交流，增进友谊，通过北京冬奥会体育盛会促进互联互通和民心相通。

参考文献

[1] Egger, P.& Lassmann, A. (2012). The language effect in international trade: A meta-analysis[J]. *Economic Letters*, 116(2): 221-224.

[2] Egger, P.& Lassmann, A. (2013). The Causal Impact of Common Native Language on International Trade: Evidence from a Spatial Regression Discontinuity Design. Discussion Papers 9441, CEPR London.

[3] Lohmann, J. (2011). Do language barriers affect trade?[J]. *Economics Letters*, 110(2): 159-162.

[4] Marschak, Jacob. (1965), The Economics of Language[J]. *Behavioral Science*, (10): 135-140.

[5] Melitz, J. & Toubal, F. (2014). Native language,spoken language, translation and trade[J]. *Journal of International Economics*, 93(2): 351-363.

[6] 顾海兵，张晓燕. 冬奥会对北京经济的影响预测[J]. 经济与管理研究，2016（9）：27-36.

[7] 金钰珏. 语言障碍度对我国对外直接投资的影响研究[J]. 外语学刊，2018（6）：97-101.

[8] 李茜，李轶佳，康宁等. 基于冬奥会的张家口市外语语言环境建设现状调查与分析[J]. 张家口职业技术学院学报，2019，32（4）：3.

[9] 罗慧芳. 我国语言服务产业发展与对外贸易相互关系的实证研究[D]. 北京：中国地质大学，2018.

[10] 屈哨兵. 关于《中国语言生活状况报告》中语言服务问题的观察与思考[J]. 云南师范大学学报，2010（5）：22-27.

[11] 苏剑，葛家国. “一带一路”倡议背景下双边贸易的语言效应：抑制还是促进?[J]. 学术月刊，2018（9）：74-55.

[12] 汤燕瑜. 北部湾经济区语言环境现状调查及其建议[J]. 玉林师范学院学报，2011（4）：34-38.

[13] 王传英，崔启亮，朱恬恬. “一带一路”走出去的国家语言服务基础设施建设构想[J]. 中国翻译，2017（6）：62-67.

[14] 王立非，金钰珏. 我国对外贸易中语言障碍度测量及影响：引力模型分析[J]. 外语教学，2018（1）：14-18.
[15] 王立非. “战疫”应急语言服务报告[M]. 北京：对外经济贸易大学出版社，2020.
[16] 姚亚芝，司显柱. 基于大数据的而语言服务行业人才需求分析[J]. 中国翻译，2018（3）：80-86.
[17] 姚亚芝，司显柱. 中国语言服务产业研究综述及评价[J]. 北京交通大学学报（哲学社会科学版），2016（1）：42-49.
[18] 张卫国，孙涛. 语言的经济力量：国民英语能力对中国对外服务贸易的影响[J]. 国际贸易问题，2016（8）：97-107.
[19] 赵世举，葛新宇. 语言经济学的维度及视角[J]. 武汉大学学报（人文科学版），2017（6）：92-104.
[20] 中国翻译协会. 2016 中国语言服务行业发展报告[R]. 2016.
[21] 中国翻译协会. 2018 中国语言服务行业发展报告[R]. 2018.
[22] 周庆生. 北京奥林匹克运动会语言环境建设报告[J]. 中国社会语言学，2007（2）：1-10.

参考网站

[1] 北京 2022 年冬奥会和冬残奥会组织委员会官网：https://www.beijing2022.cn/cn/

[2] 中国政府采购网：https://www.ccgp.gov.cn/

附　　录

1. 历届冬奥会列表

届次	举办地点	时间	参赛情况	参赛运动员数
第 1 届	法国夏慕尼	1924 年 1 月 25 日至 1924 年 2 月 4 日	有 16 个国家和地区参加 4 个项目的角逐	258
第 2 届	瑞士圣莫里茨	1928 年 2 月 11 日至 1928 年 2 月 19 日	有25个国家和地区参加4个项目的角逐	464
第 3 届	美国普莱西德湖	1932 年 2 月 4 日至 1932 年 2 月 15 日	有 17 个国家和地区参加 4 个项目的角逐	252
第 4 届	德国加尔米施-帕滕基兴	1936 年 2 月 6 日至 1936 年 2 月 16 日	有 28 个国家和地区参加 4 个项目的角逐	668
第 5 届	瑞士圣莫里茨	1948 年 1 月 30 日至 1948 年 2 月 8 日	有 28 个国家和地区参加 4 个项目的角逐	669
第 6 届	挪威奥斯陆	1952 年 2 月 14 日至 1952 年 2 月 25 日	有 30 个国家和地区参加 4 个项目的角逐	694
第 7 届	意大利科尔蒂纳丹佩佐	1956 年 1 月 26 日至 1956 年 2 月 5 日	有32个国家和地区参加4个项目的角逐	820
第 8 届	美国斯阔谷	1960 年 2 月 18 日至 1960 年 2 月 28 日	有 31 个国家和地区参加 4 个项目的角逐	665
第 9 届	奥地利因斯布鲁克	1964 年 1 月 29 日至 1964 年 2 月 9 日	有 36 个国家和地区参加 6 个项目的角逐	1 091
第 10 届	法国格勒诺布尔	1968 年 2 月 6 日至 1968 年 2 月 18 日	有 37 个国家和地区参加 6 个项目的角逐	1 158
第 11 届	日本札幌	1972 年 2 月 3 日至 1972 年 2 月 13 日	有 35 个国家和地区参加 6 个项目的角逐	1 006
第 12 届	奥地利因斯布鲁克	1976 年 2 月 4 日至 1976 年 2 月 15 日	有 37 个国家和地区参加 6 个项目的角逐	1 123
第 13 届	美国普莱西德湖	1980 年 2 月 13 日至 1980 年 2 月 24 日	有 37 个国家和地区参加 6 个项目的角逐	1 072
第 14 届	南斯拉夫萨拉热窝	1984 年 2 月 8 日至 1984 年 2 月 19 日	有 49 个国家和地区参加 6 个项目的角逐	1 272

续表

届次	举办地点	时间	参赛情况	参赛运动员数
第 15 届	加拿大卡尔加里	1988 年 2 月 13 日至 1988 年 2 月 28 日	有 57 个国家和地区参加 10 个项目的角逐	1 423
第 16 届	法国阿尔贝维尔	1992 年 2 月 8 日至 1992 年 2 月 23 日	有 64 个国家和地区参加 12 个项目的角逐	1 801
第 17 届	挪威利勒哈默尔	1994 年 2 月 17 日至 1994 年 2 月 27 日	有 67 个国家和地区参加 12 个项目的角逐	1 737
第 18 届	日本长野	1998 年 2 月 7 日至 1998 年 2 月 22 日	有 72 个国家和地区参加 14 个项目的角逐	2 176
第 19 届	美国盐湖城	2002 年 2 月 8 日至 2002 年 2 月 24 日	有 77 个国家和地区参加 15 个项目的角逐	2 399
第 20 届	意大利都灵	2006 年 2 月 10 日至 2006 年 2 月 26 日	有 80 个国家和地区参加 15 个项目的角逐	2 508
第 21 届	加拿大温哥华	2010 年 2 月 12 日至 2010 年 2 月 28 日	有 85 个国家和地区参加 15 个项目的角逐	2 632
第 22 届	俄罗斯索契	2014 年 2 月 7 日至 2014 年 2 月 23 日	有 88 个国家和地区参加 15 个项目的角逐	2 873
第 23 届	韩国平昌郡	2018 年 2 月 9 日至 2018 年 2 月 25 日	有 92 个国家和地区参加 15 个项目的角逐	2 922
第 24 届	中国北京	2022 年 2 月 4 日至 2022 年 2 月 20 日	15 个项目	待定

2. 2022 年北京冬奥会比赛项目及场馆安排

项目	分类	包含分项	比赛场馆
速度滑冰	男子项目	500 米、1 000 米、1 500 米	国家速滑馆
		5 000 米、10 000 米	
		团体追逐	
		集体出发	
	女子项目	500 米、1 000 米、1 500 米	
		3 000 米、5 000 米	
		团体追逐	
		集体出发	

续表

项目	分类	包含分项	比赛场馆
短道速滑	男子项目	500 米、1 000 米、1 500 米	首都体育馆
		5 000 米接力	
	女子项目	500 米、1 000 米、1 500 米	
		3 000 米接力	
	混合项目	混合团体接力	
花样滑冰	男子项目	男子单人滑	
	女子项目	女子单人滑	
	混合项目	双人滑	
		冰上舞蹈	
		团体赛	
冰球	男子项目	男子冰球	国家体育馆
	女子项目	女子冰球	五棵松体育中心
冰壶	男子项目	男子冰壶	国家游泳中心
	女子项目	女子冰壶	
	混合项目	混合双人冰壶	
越野滑雪	男子项目	男子 15 公里（传统技术）	国家越野滑雪中心
		男子双追逐（15 公里传统技术+15 公里自由技术）	
		男子个人短距离（自由技术）	
		男子团体短距离（传统技术）	
		男子 50 公里集体出发（自由技术）	
		男子 4×10 公里接力	
	女子项目	女子 10 公里（传统技术）	
		女子双追逐（7.5 公里传统技术+7.5 公里自由技术）	
		女子个人短距离（自由技术）	
		女子团体短距离（传统技术）	
		女子 30 公里集体出发（自由技术）	
		女子 4×5 公里接力	

续表

项目	分类	包含分项	比赛场馆
跳台滑雪	男子项目	个人标准台	国家跳台滑雪中心
		个人大跳台	
		团体	
	女子项目	个人标准台	
	混合项目	混合团体	
北欧两项	男子项目	个人—跳台滑雪标准台/越野滑雪 10 公里	国家越野滑雪中心、国家跳台滑雪中心
		个人—跳台滑雪大跳台/越野滑雪 10 公里	
		团体—跳台滑雪大跳台/越野滑雪 4×5 公里接力	
高山滑雪	男子项目	滑降	国家高山滑雪中心
		超级大回转	
		大回转	
		回转	
		全能	
	女子项目	滑降	
		超级大回转	
		大回转	
		回转	
		全能	
	混合项目	团体赛	
自由式滑雪	男子项目	空中技巧	云顶滑雪公园、首钢滑雪大跳台
		U 型场地技巧	
		雪上技巧	
		坡面障碍技巧	
		障碍追逐	
		大跳台	
	女子项目	空中技巧	
		U 型场地技巧	
		雪上技巧	
		坡面障碍技巧	
		障碍追逐	
		大跳台	
	混合项目	空中技巧混合团体	

续表

项目	分类	包含分项	比赛场馆
单板滑雪	男子项目	平行大回转	云顶滑雪公园、首钢滑雪大跳台
		障碍追逐	
		U 型场地技巧	
		坡面障碍技巧	
		大跳台	
	女子项目	平行大回转	
		障碍追逐	
		U 型场地技巧	
		坡面障碍技巧	
		大跳台	
	混合项目	障碍追逐混合团体	
冬季两项	男子项目	10 公里短距离	国家冬季两项中心
		20 公里个人	
		12.5 公里追逐	
		15 公里集体出发	
		4×7.5 公里接力	
	女子项目	7.5 公里短距离	
		15 公里个人	
		10 公里追逐	
		12.5 公里集体出发	
		4×6 公里接力	
	混合项目	混合接力（女子 2×6 公里+男子 2×7.5 公里）	
雪车	男子项目	男子双人	国家雪车雪橇中心
		男子四人	
	女子项目	女子单人	
		女子双人	
钢架雪车	男子项目	男子钢架雪车	
	女子项目	女子钢架雪车	

续表

项目	分类	包含分项	比赛场馆
雪橇	男子项目	男子单人雪橇	国家雪车雪橇中心
		双人雪橇	
	女子项目	女子单人雪橇	
	混合项目	雪橇团体接力	